eビジネス新書

No.431

週刊東洋経済

不足の深層

崩れる公教育

週刊東洋経済 eビジネス新書 No.431

教員不足の深層

本書は、東洋経済新報社刊『週刊東洋経済』２０２２年7月２３日号より抜粋、加筆修正のうえ制作しています。情報は底本編集当時のものです。（標準読了時間 １２０分）

教員不足の深層　目次

公立学校から上がる悲鳴

「先生が足りない」非常事態

「あのような経験は初めて。同僚の先生たちは『あなたが悪いわけじゃないんだから、気にしないで、お産に集中して』とやさしく言ってくれたけれど、私が産休に入って以降、同僚たちは授業のコマ数もテスト採点の量も大幅に増え、本当に大変そうだった。申し訳ない……」

熊本県内の公立中学校で社会科を教える30代女性の教員はそう話し、同僚たちの苦労を思いやった。女性が妊娠したのは2020年の春。すぐに学校に伝え、10月から産休に入ることを告げた。

地元の教育委員会が代わりとなる非正規教員を探し始めたが、産休に入る1カ月前の9月になっても代わりは来なかった。「このまま産休に入っていいんだろうかと心配していくうちに、10月が来てしまった」。

女性が産休で抜けた後、担当授業はほかの社会科教員で分担することになったが、それだけではカバーできず、教頭が教壇に立つことになった。それも、2クラス同時に授業をしようと図書室に80人を集めた。「図書室に80人も入ったら先生の声は聞こえないし、質問もしにくい。生徒がかわいそうだった」と女性は振り返る。

文部科学省が2022年1月に公表した初の「教師不足」調査で、熊本県の不足率は小学校でワースト2位、中学校ではワースト1位だった。

全国で最低でも2000人が不足

[小学校の教員不足率が高い自治体]

		不足率(%)	不足人数	不足学校数
1	島根県	1.46	42	13
2	熊本県	0.88	36	35
3	福島県	0.85	52	50
4	鳥取県	0.81	19	11
5	長崎県	0.78	41	41
6	福岡県	0.70	69	61
7	茨城県	0.64	58	57
〃	千葉県	0.64	91	84
9	相模原市	0.55	10	10
10	札幌市	0.52	24	22
〃	神奈川県	0.52	45	14
12	宮城県	0.45	19	14

[中学校の教員不足率が高い自治体]

		不足率(%)	不足人数	不足学校数
1	熊本県	1.77	42	28
2	長崎県	1.25	38	38
3	福岡県	1.08	59	41
4	茨城県	1.00	55	54
5	兵庫県	0.83	57	32
6	福岡市	0.81	19	15
7	大分県	0.74	17	15
8	島根県	0.70	12	4
9	大阪府	0.62	50	38
10	佐賀県	0.59	12	10
〃	豊能地区	0.59	7	7
12	福島県	0.57	22	18

(注)教員不足とは、臨時的任用教員等の講師の確保ができず、実際に学校に配置されている教員の数が教育委員会において学校に配置することとしている教員数(配当数)を満たしておらず欠員が生じた状態(2021年5月1日時点)
(出所)文部科学省「『教師不足』に関する実態調査」

原因について熊本県教育庁学校人事課は「非正規教員の大幅減少」と「特別支援学級の増加」の2点を挙げる。「団塊の世代の大量退職に伴い、大量の正規採用を実施してきた。それまで非正規だった人たちが正規採用されたことで非正規教員の数が減った。その結果、育休や産休で出た欠員を埋めきれなくなってしまった」と言う。

また8人の子どもに1人の教員を充てる特別支援学級の数も増加している。特別支援学級の増加によって必要とされる教員の数が増え、補充ができずに「教師不足」が起きてしまったのだ。

熊本のような状況は全国各地で生じている。東京都では2022年、小学校約50校で教員配置が定数に満たない事態が発生した。

都内の小学校に非常勤講師として勤務する女性は今年で82歳。本誌が取材をしていると、女性の携帯電話が鳴った。相手は教頭で「また欠員が出てしまった。明日の午前中、授業に入ってもらえないだろうか」という相談だ。女性は二つ返事で応諾した。欠員の代替で入るのは今年3度目だという。

給与は週7時間の担当授業分を支払ってもらっているが、代替した授業時間分は無給だ。通常は毎日朝から夕方まで勤務し、給食の時間は特別支援学級の配膳も手伝う。「児童たちはひ孫に当たる年齢。子どもも授業も好き」だと笑顔で語る女性は、もし自分が代替を断れば学校運営がままならなくなることを、よく知っている。

公立学校は今、個人の善意によって、ぎりぎり持ちこたえている。

文科省の調査では全国で約2000人の教員不足が報告された。だが、この不足数には「最低でも」という注記が必要だ。調査が行われた5月は年度当初で、それから産休や病休で休職者は増えていく。欠員が補充されなければ残った教員が負担を補うしかない。

休職者増でドミノ倒し

千葉県の公立中学校に勤務する男性（30代）は、急きょ担任を任されたことがある。学年主任を担うなど「頼りにしていた先輩」が心の病で夏休み明けから学校に来られなくなってしまったからだ。

補充教員は見つからず、休職した先輩教員が受け持っていた担任や授業、学年主任の業務をほかの教員で分担することになった。男性は、もともと負担が重かった生徒指導の業務に学年主任の業務が上乗せされ、疲労困憊する。「休職者が多く、年度当初に教員定数が満たされていても、すぐに足りなくなる」と男性は言う。

教員の心の病による病気休職者数は1990年からの20年間で約5倍に増え、高止まりが続く。休職者が増えると残った教員の業務負担が増え、心身ともに疲弊した教員の休職がさらに増えるというドミノ倒しが起きかねない。

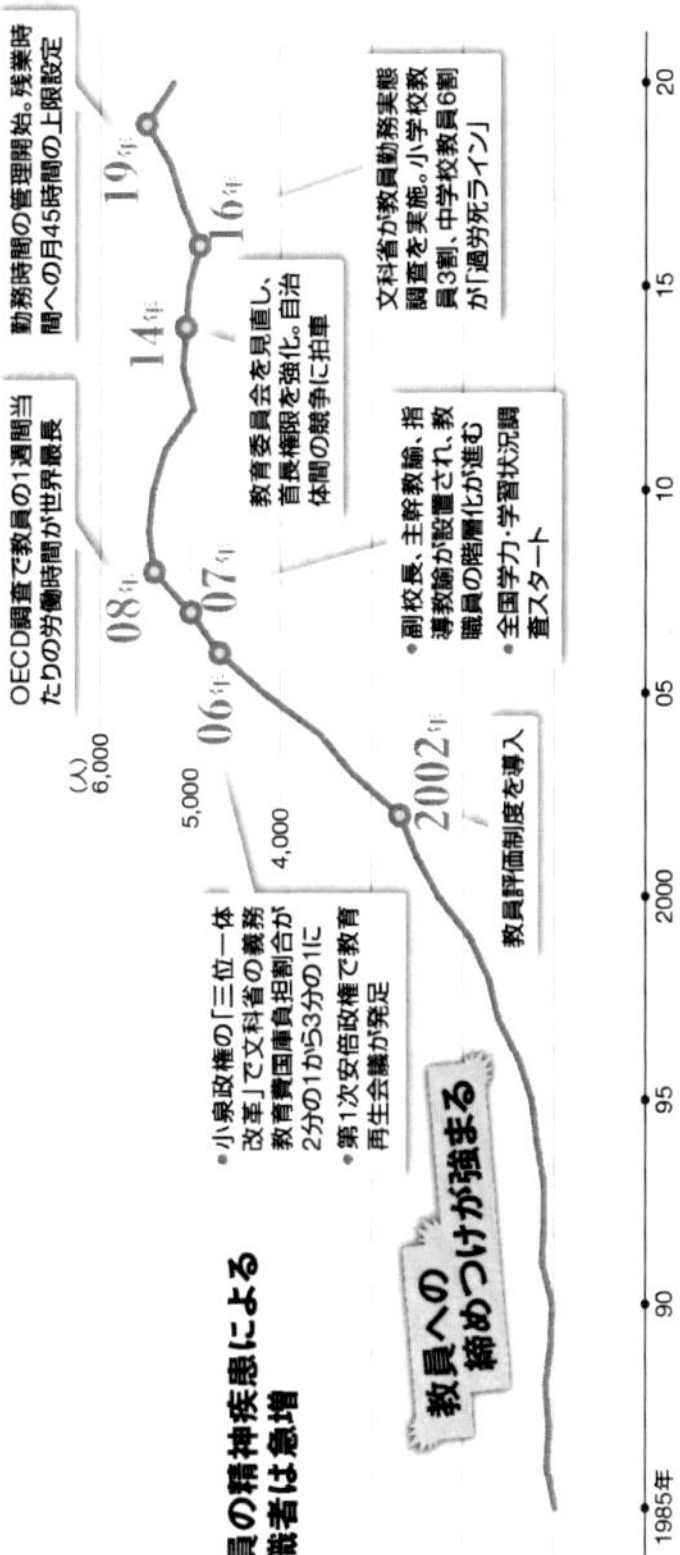

(出所)文部科学省「教員のメンタルヘルスの現状」「令和２年度 公立学校教職員の人事行政状況調査について」

名古屋大学の内田良教授らが2021年11月に公立の小中学校教員に実施したアンケート調査によると、所定の労働時間を超えて学校や自宅で行う「総時間外勤務」の合計値が、過労死ラインとされる月80時間を超えている教員は、小学校で59・8％、中学校では74・4％にも上っていた。

さらに同調査では、総時間外勤務が長い教員ほど、準備不足のまま授業に臨んでしまっている傾向も明らかになった。調査した内田氏は「長時間労働と授業の準備不足はリンクしている」と警鐘を鳴らす。危機に追い込まれる公立学校のシワ寄せは不準備授業を受ける子どもたちにも行く。

シワ寄せは授業の質低下だけではない。複数の教員によると、担任不在のクラスの授業をほかのクラスの担任が補おうとすることで「自習時間が増えている」のだという。21年小学校2年生の学年主任をしていた男性教員は、「2クラス合計で、7人もの教員が代わる代わる担任をした」と話す。

1年間に担任が何度も代われば、教員と児童・生徒の信頼関係構築は当然、難しくなる。

準備不足のまま授業に臨んでしまっている?
―総時間外勤務と準備不足感の関係性―

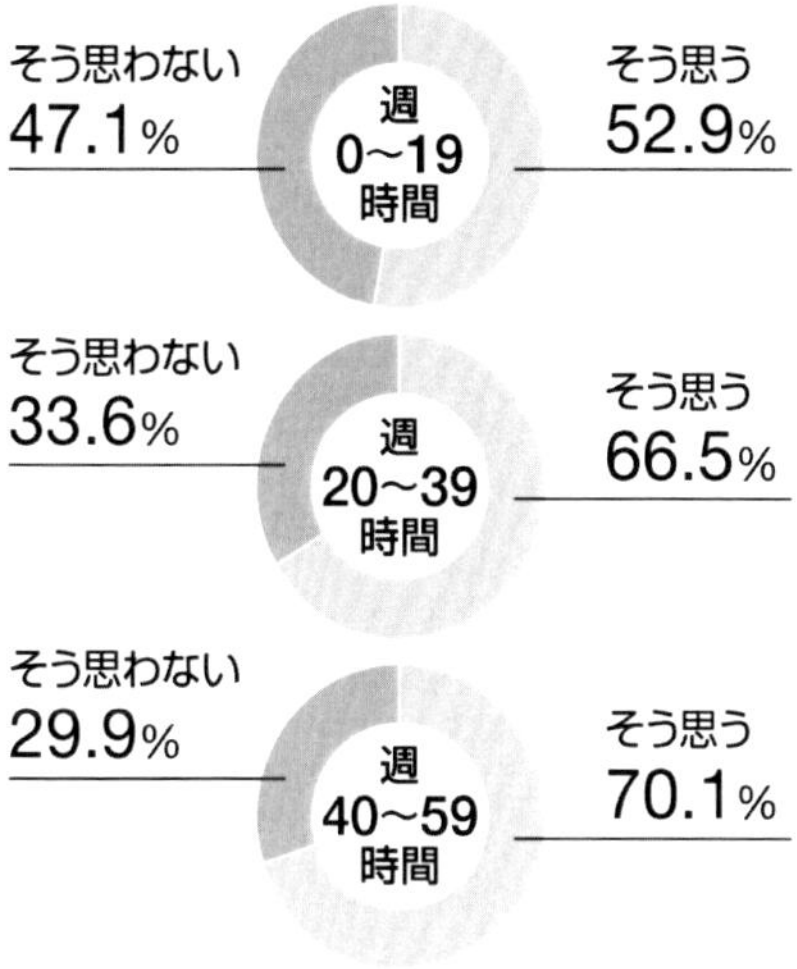

(出所)内田良・名古屋大学教授による2021年11月の調査

教員志願者が減り続ける

教員不足を解消するためには、欠員を補充する非正規の臨時的任用教員（臨任）を増やすことが必須だが、そう簡単ではない。臨任は教員採用試験に不合格だった人が講師名簿に登録し、休職者が出た場合などに任用される、いわばベンチの控え選手だ。だが、教員志願者の数は年々減り、採用試験の競争倍率は3倍台にまで低下。その結果、臨任の層が薄くなっている。

教員志願者数の減少は深刻だ。教員養成大学の雄として知られる東京学芸大学に衝撃が走ったのは2020年3月のこと。教員養成系学部の卒業生のうち、教員になった割合が55％にとどまったのだ。

大学は教職の魅力を学生に伝える授業改革などもろもろの改革を講じ、2022年の教員就職率は6割にまで戻ったが、7割前後を維持していた過去に比べたらまだ低い。

教員の過酷な労働実態が広く知れ渡ったことを受け、文科省や大学、教育委員会は教職の魅力を伝えようと奮闘してきた。しかし、学生は教員の仕事に魅力を感じていないわけではない。

教職と迷った末に民間企業への就職を決めた都内の大学に通う女性は、教育実習で「忙しすぎて勉強する時間がないと感じた」と語る。別の学生も「授業準備の時間が取れない。若い先生が遅くまで帰れないのを見て、結婚や出産ができるのか不安になった」と話す。多くの学生にとって、授業を全うできないことや働き方への不安が障壁となっているのだ。


教員の多忙化が志望者を減少させ、教員不足をさらに加速させている。負の連鎖の源流は、国が決める教員定数の改善が長きにわたり見送られてきたことにある。

日本の学級規模はＯＥＣＤ（経済協力開発機構）加盟国中、小学校では3番目、中学校では2番目に大きい。１９５９年以降、学級規模を５０人から段階的に縮小する定数改善計画が実施されてきた。１９９１年の４０人学級化を境に、学級編成標準の引き下げはほぼ凍結された。同右図のように、児童減少による定数の自然減に対し、少人数学級化による改善増が縮小され、定数は減少に転じる。

日本の学級規模は世界でも多い
—OECD主要国の国公立小中学校国際比較—

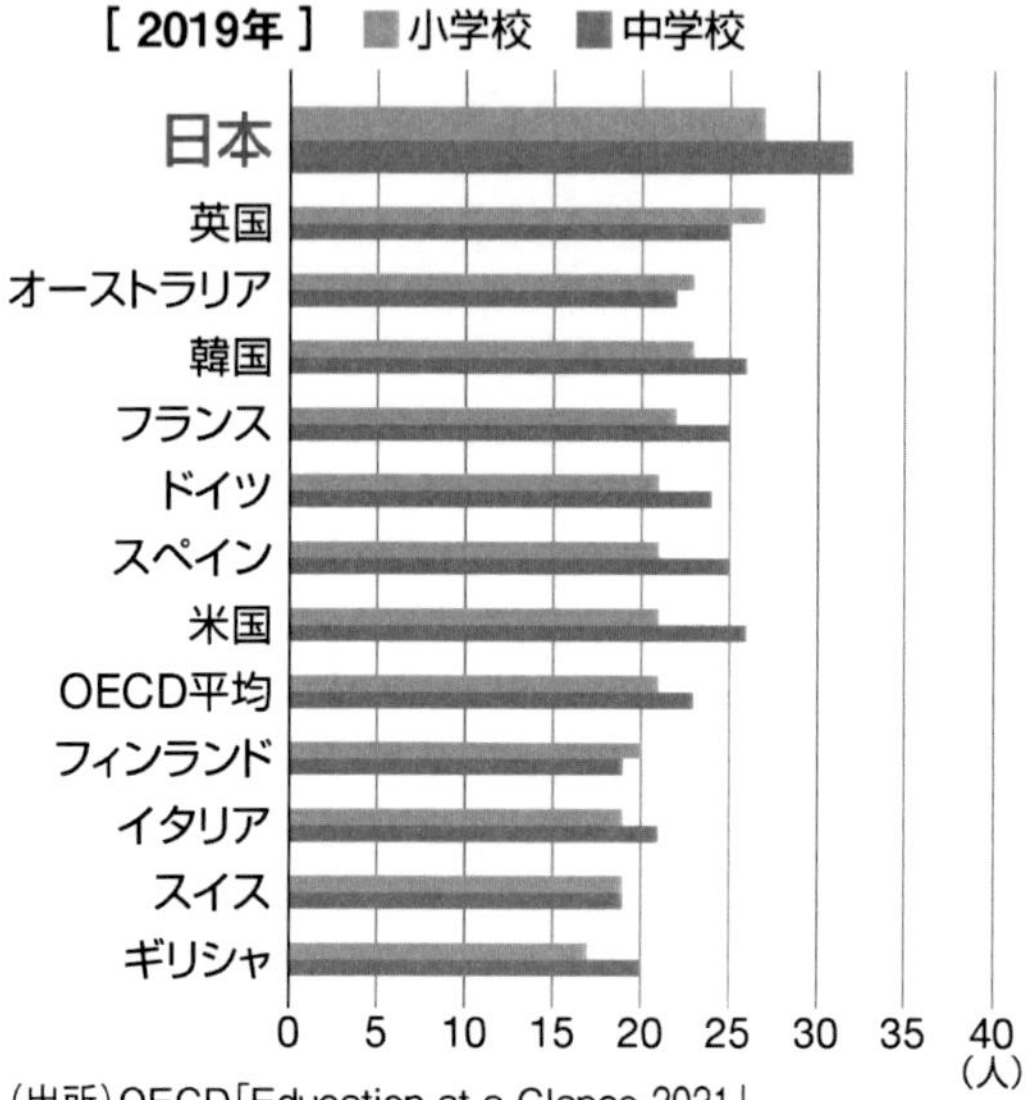

(出所)OECD「Education at a Glance 2021」

1991年以降は少人数指導を行う自治体への加配（増員）という形で単年度予算しか計上されなくなった。当時、文科省財務課長だった前川喜平氏は「文科省は本音では少人数学級にしたかったのだが、財源が確保できず、次善策として少人数指導を進めた」と言う。

少人数学級化による定数改善の見通しがなくなった結果、少子化による将来的な教員余りをおそれる自治体は、正規教員を増やしにくい状況に陥った。さらに、加配予算を積極的に要求する自治体と、そうでない自治体との間に格差が生まれることになった。

そのうえ、同時期に進められた小泉内閣の「三位一体改革」が、自治体の教育財政基盤を脆弱化させた。それまで国と都道府県で2分の1ずつだった教員給与の国負担（義務教育費国庫負担）が3分の1に引き下げられたのだ。

2022年から始まった小学校全学年35人学級化は、約40年ぶりの学級編成標準の引き下げとなった。しかしこの間、正規教員が絞られ続けた学校は、定数の枠を埋められないほどにまで疲弊している。

悪循環を断ち切るため、まずは膨らんだ教員の業務を削る必要がある。「ゆとりある教育を求め全国の教育条件を調べる会」の山崎洋介氏は「教員1人当たりの児童・生徒数を減らし、担当する授業のコマ数に上限を設けるべきだ」と言う。そのためにも長期的な定数改善の方針を国が示すしかない。

あらゆる層の子どもを受け入れてきた公立学校は、教員の無償労働によって支えられてきた。しかし、もう限界だ。自己犠牲で成立していたシステムは崩壊寸前に来ている。

（井艸恵美、野中大樹）

〝使い捨て〟の非正規教員へ依存

教育ジャーナリスト・佐藤明彦

「子どもや保護者は、誰が正規で誰が非正規なのかを知りません。だから、たった1年で学校を去ることに驚かれます。私自身、突然の別れとなってクラスの子に泣かれたこともあります」

首都圏の公立小学校に勤める40代前半の川島和希さん（仮名）は、10年近い教員生活の中で、同じ学校に2年連続で勤めたことが一度しかない。川島さんは民間企業勤務から教員に転身して10年目を迎える。これまで低学年から高学年まで幅広く担任し、時に若手教員と同じ学年を担当し、指導役も任されるなどしてきた。

だが、川島さんの立場は「臨時的任用教員」（常勤講師）と呼ばれるもの。民間企業でいう契約社員のようなもので、もう10年近く、この立場で雇われ続けている。

「(正規職員と)同じ内容・責任を負わされるどころか、あえて難しいクラスを任されることもあります。『非正規だから潰れてもいい』と思われているんです」

川島さんは、非正規教員の境遇をそう嘆く。自身も過去に、任される学級がことごとく「荒れたクラス」だった時期があるという。

「非正規教員は皆、次の年に仕事にありつけるかどうか不安です。だから頼まれた仕事を断れません。悪い評判が立つと困りますからね。その結果、正規教員より多くの仕事を抱え込んでいる人もいます」

川島さんがそう語るように、誰も持ちたがらないクラスの担任や面倒な校務を、非正規教員が担わされるケースは珍しくない。昨今は心の病で病休に入る正規教員も多いが、そうした場合に代役を任されるのも、多くの場合が非正規教員だ。

だが、年度途中から学級をまとめるのは容易でないうえに、クラスが荒れた状態で引き継ぐことが多いため、多大な労力を要する。加えて、たとえうまく立て直せたとしても翌年の雇用が保障されるわけではない。

卒業式を前に学校を去る

こうした非正規教員の扱いは民間企業の契約社員とは対照的だ。民間企業ならば、「パートタイム・有期雇用労働法」によって、働き方の実態が正社員と同一である非正社員を、労働条件や待遇面で差別的に取り扱うことは禁じられている。いわゆる「同一労働・同一賃金」の理念だ。

だが、公立学校の臨時的任用教員は正規教員とほぼ同じ内容と責任の仕事を負わされている。小学校では学級担任を任され、中学校では授業のほかに部活動の顧問まで受け持つ。

それにもかかわらず給与や賞与などの待遇面は正規教員に劣っている。臨時的任用教員の雇用契約は「最長1年」のため、1年ごとに学校を転々とする非正規教員は多い。非正規教員は単年契約のため2年連続で同じ学校に勤めさせるのはおかしいという考え方からだ。

■ **正規教員と非正規教員の違い** ―「非正規教員」といってもさまざま―

	正規教員	非正規教員			
		臨時的任用教員	産休・育休代替教員	再任用教員	非常勤講師
勤務形態	常勤			常勤または非常勤	非常勤（担当授業のみ）
雇用形態	無期	有期（最長1年）	有期（産休・育休時期で変動）	有期（最長1年）	最長1年
待遇	月給				授業単位の報酬制※1
賞与	あり	あり（市費負担ではなしの場合も）			なし※2
担任（小学校）	持つことが多い				持たない
部活顧問（中学・高校）	持つことが多い				持たない
兼業	原則として不可				可
年齢	20～60歳			60～65歳	20歳～

（注）※1 最近は学校滞在時間に応じて支給する自治体も一部ある。※2 2017年から一定条件を満たせば賞与を支給できることになったが、ほとんどの自治体は支給していない
（出所）取材を基に筆者作成

加えて非正規教員は年度途中からの勤務を打診されることも珍しくない。育休や病休から正規教員が復帰する関係で年度途中に契約が途切れることもあれば、最悪の場合、3学期の途中、年度末ギリギリで学校を去ることもある。

首都圏の小学校で非正規教員として働く40代半ばの奥野美穂さん（仮名）も、そんな経験をした人の一人だ。退任日は3月15日。正規教員が復帰し、年度末のフィナーレを迎える段階で、いきなり幕を下ろされた。

「3年生のクラスでしたが、私が3月15日でお別れになると伝えると、混乱して泣き出す子もいました。当時、同僚や保護者が校長に『奥野先生が年度末までいられるよう、教育委員会にかけ合ってください』と訴えてくれましたが、駄目でした」

結局、奥野さんは卒業式にも修了式にも参加せず、学校を去った。年度途中からの雇用契約とわかっていても、立場の弱い多くの非正規教員は断ることができない。断れば次の年に仕事にありつけないという失業のおそれを、つねに抱えているからだ。

弱い立場に付け込まれて難しい学級や面倒な校務を回されたり、年度途中での雇用契約を迫られたりする。教育行政が非正規教員を都合よく使い回している様子がうかがえる。

5〜6人に1人は非正規

文部科学省が2022年1月に公表した「『教師不足』に関する実態調査」によると、臨時的任用教員の割合は小学校で11・06％、中学校で10・90％、高校で6・95％、特別支援学校で16・92％（2021年5月1日時点）となっている。

これにほかの非正規教員を加えると、非正規率は小学校16・56％、中学校17・74％、高校18・68％、特別支援学校22・36％となり、全体では17・82％に上る。およそ5〜6人に1人が非正規という計算だ。民間企業に比べれば低いかもしれないが、教員という仕事の専門性を考えれば異常な数値だろう。

「そもそも担任や部活動顧問をする人が非正規でよいのでしょうか。臨時的任用教員という制度自体がおかしい」（川島さん）

川島さんの言葉は「同一労働・同一賃金」の観点からすれば、ごく当たり前の指摘といえよう。だが、多くの非正規教員は雇用を握られていることから公に声を上げることができず、この問題は放置され続けてきた。

文科省は長年、教員の非正規率を公表してこなかった。データ自体は教育委員会を対象に毎年度実施している「教職員実数調」からはじき出せる。しかし、数値の算出・公表はしてこなかった。その理由について、関係者の中には「非正規率の上昇という不都合な事実を認めたくないからだ」と指摘する人もいる。

「教職員実数調」を入手して集計し、教員の非正規率の推移を算出しているのが、元教員や学校事務職員などで構成される「ゆとりある教育を求め全国の教育条件を調べる会」（調べる会）だ。

調べる会がデータを入手した2007年以降の14年分の非正規率を表したのが次図だ。公立学校教員の非正規化が顕著に進んできたことがわかる。直近の20年の非正規率は17・0％となっており、この調子だと数年後に20％を突破してもおかしくない。

非正規教員は20%に迫る勢い

— 公立小中学校教員の非正規率 —

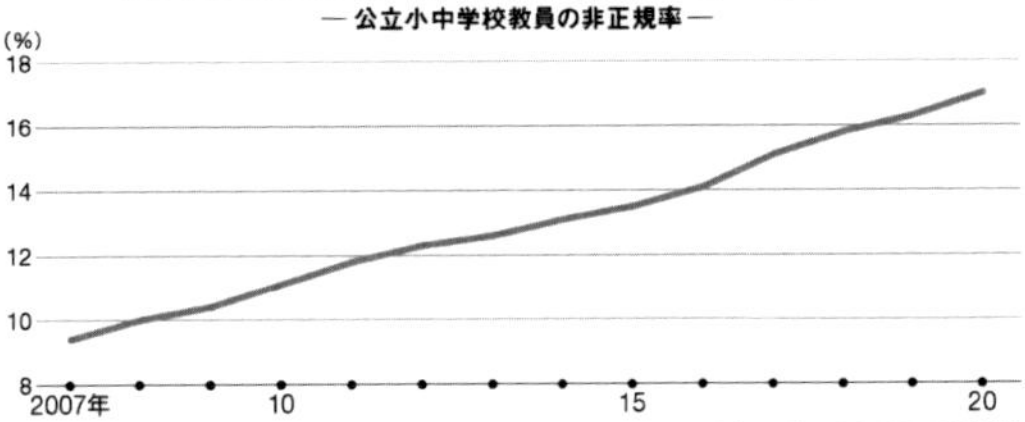

(注)臨時的任用教員、産休・育休代替教員、再任用フルタイム勤務者のほか、非常勤講師と再任用短時間勤務職員については常勤1人当たりに換算した数を計上　(出所)ゆとりある教育を求め全国の教育条件を調べる会

実は教員不足の元凶ともいえるのが、この非正規率の高さだ。正規教員だけに限れば教員不足は生じていなくても、問題は全体の2割近くを占める非正規教員にある。

非正規教員は毎年度、一定数の離職者が出る。その際どの自治体もほかの非正規教員で補充してきた。具体的には教員採用試験の不合格者などに声をかけ、ごく簡単な選考を通じて臨時的任用教員として雇用してきた。

ところが昨今は教員採用試験の受験者数が減ったことで不合格者の数が減少している。その結果、多くの自治体が辞めた非正規教員の補充をできなくなっているのだ。

三位一体改革インパクト

なぜこれほどまでに公立学校教員の非正規化が進んだのか。背景には教員の雇用をめぐる制度的・構造的な変化がある。

最も影響が大きかったのが2004〜06年にかけて進められた小泉内閣の「三位一体改革」だ。「国庫補助負担金改革」「税源移譲」「地方交付税の見直し」の3つが一体として進められたこの改革では「4兆円分程度の国庫補助負担金の廃止・縮減」が方針として掲げられた。その標的とされたのが義務教育費国庫負担金であった。

それ以前、公立学校教員の給与は国と都道府県が2分の1ずつ負担していたが、国の負担割合が3分の1に減らされたのだ。残りの3分の2は地方交付税交付金や税源移譲によって賄われるという理屈だが、実際にその財源が保障されるわけではない。結果として各自治体の教育財政の基盤は、極めて脆弱なものとなった。

ここが分水嶺となり、多くの自治体は非正規教員の割合を増やし始めた。東京都が「期限付任用教員」という非正規雇用の制度を設けたのも、このタイミングだった。

時を同じくして、大きな制度改正があった。2004年度に義務教育費国庫負担制度に導入された「総額裁量制」だ。総額裁量制とは、国が支払う負担金の総額を超えない範囲で、各都道府県や政令指定都市が給与額や教員配置を自由に決められるというものだ。

2004年には教員給与の国立学校準拠制度も廃止された。それ以前、公立学校教員の給与は国立学校教員の給与額に準拠し、どの自治体も変わりはなかった。しかし、この仕組みが改められたことで各自治体が教員の給与額を自由に設定できるようになった。

その結果、多くの自治体が教員の給与を削減し、浮いた財源で教員の数を増やし、少人数学級や特別支援学級を設置するようになった。もちろん、子どもたち一人ひとりにこまやかな指導が行われること自体は望ましい。だが、三位一体改革で自治体の財政基盤が脆弱化する中、総額裁量制は非正規教員の増加を招くことになった。

理不尽な立場に置かれる非正規教員だが、今はまだその多くが教員という職業にとどまっている。その理由を聞くと「正規教員への夢を諦めきれない」「教員を何年も続けていると、他業界への転職が難しい」などの答えが返ってくる。公教育が機能不全を起こしていないのは、こうして非正規教員がギリギリのところで学校にとどまっているからだ。

しかし、非正規教員への依存が続けば公教育は早晩崩壊する。教員不足を解消するためにも、正規率を高めていくことが不可欠だ。

佐藤明彦（さとう・あきひこ）
1972年滋賀県出身。東北大学教育学部卒。『月刊　教員養成セミナー』前編集長。著書に『職業としての教師』『非正規教員の研究「使い捨てられる教師たち」の知られざる実態』。

ブラックボックス化された採用試験

「なぜ、あの人が正規教員でないのか。一般企業ならとうに採用している」。人づてに耳にした言葉に、中部地方で高校の理科教員をする武田晴久さん（仮名）は複雑な思いを抱いた。今年で非正規教員（臨時的任用教員）13年目を迎える武田さんは、顧問として部活動を全国優勝に導くなどの実績があり、周囲からの評価も高い。

民間企業には、優秀な人材を正規社員に登用する仕組みがある。だが、教員にはそうした正規化ルートがない。どんなに学校での評価が高くても、正規教員になるには教員採用試験を突破せねばならない。

武田さんは大学院を修了後に教員採用試験を受けたが、当時は倍率が10倍をはるかに超えていたこともあって合格できなかった。その後もあと一歩のところで合格ラインには届かない。武田さんのように高い能力と実績を持っているにもかかわらず、採用試験に落ち続ける人は珍しくない。

こうした人たちが非正規のまま働き続けているのは、「職場での評価」と「教員採用試験での評価」が一致しないことによって起こる現象だ。

一定割合が非正規に

公立学校の非正規率が上がり続けてきた要因について、教員の需要・採用数などを長年研究してきた兵庫大学高等教育研究センターの山崎博敏教授は「各自治体が年齢構成の平準化を図った可能性がある」と指摘する。

「1970年代後半から80年代前半にかけて日本は第2次ベビーブーム世代が修学時期を迎えて、教員の大量採用が行われた。その結果、いわゆる『団塊世代』前後の教員はほかの年代に比べて多く、年齢的な不均衡が生じた。2010年ごろからはこの世代の大量退職が始まったが、生じた欠員をすべて正規で補充すると、再び年齢的な不均衡が生じる。そのため、どの自治体も一定割合を非正規で雇い年齢構成の平準化を図ったと考えられる」

■ 平準化された正規教員の年齢構成
―小学校教員の年齢構成の変化―

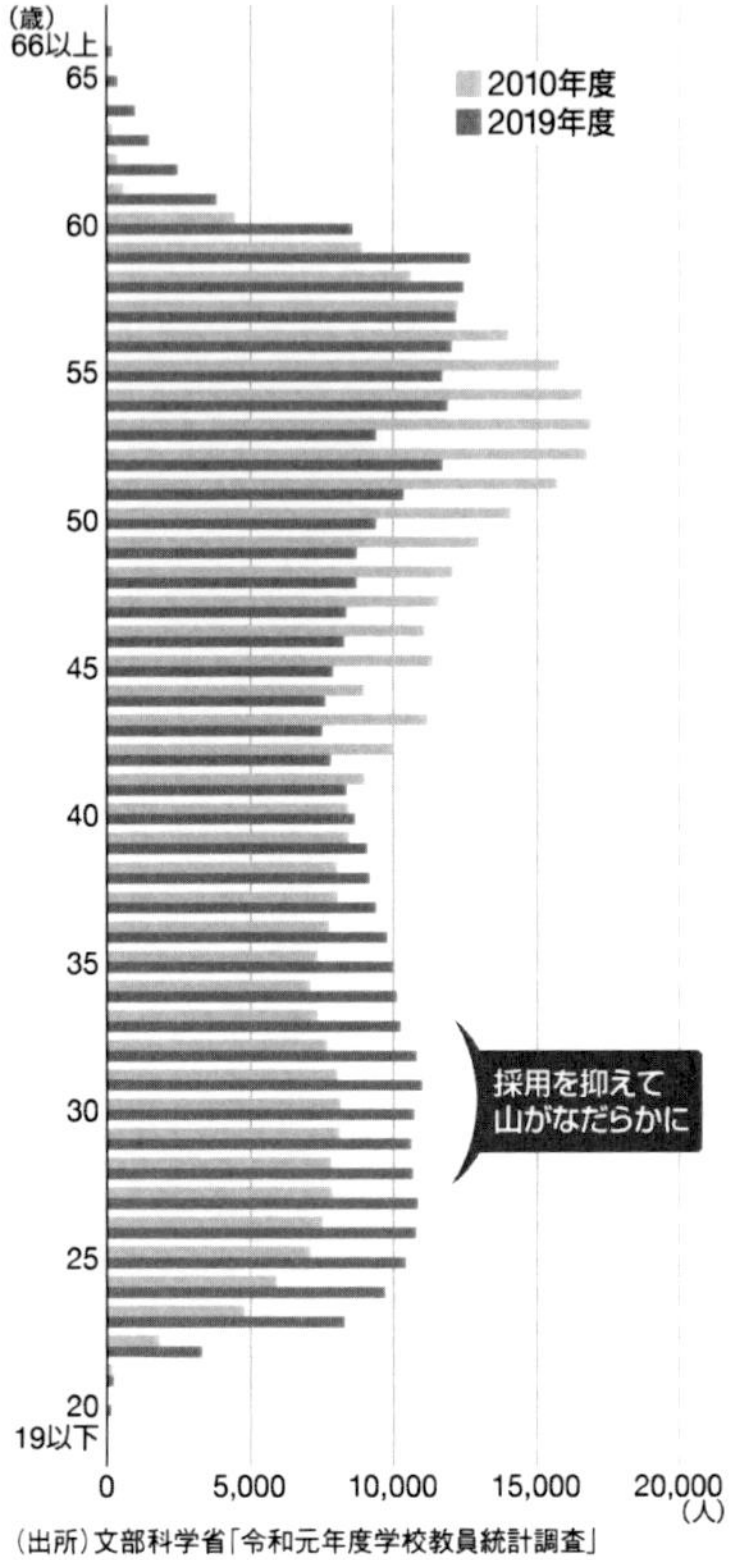

(出所)文部科学省「令和元年度学校教員統計調査」

先のグラフは小学校の正規教員の年齢構成を示す。あくまで全国総計だが、１０年度は団塊世代の大量退職が始まった頃で、５０代の教員がほかの年代より突出して多い。一方、１９年度になると、年齢的な偏りがかなり解消されている。団塊世代の大量退職後、多くの自治体が正規教員の採用を控え、一定割合を非正規教員として雇用してきた結果と推察できる。

だが、非正規教員の立場から見たら、運悪く１０年ごろに教員を目指したがゆえに非正規で雇用され、いずれは切り捨てられることを前提に使われ続けていることになる。

各自治体が年齢構成の平準化を図っているとすれば、採用試験の合格ラインは年齢によって異なることとなる。この点を検証したいところだが、多くの自治体は大学生と非正規教員それぞれの採用数・試験倍率を公表しておらず、この部分はブラックボックス化されている。

このようにやや特殊で理不尽な選考により、多くの教員が非正規雇用のまま放置され続けている。公教育の質の担保という点でも問題と言わざるをえない。

（教育ジャーナリスト・佐藤明彦）

少子化でも特別支援学級はなぜ増える?

「特別支援学級が予想以上に増えた」

文部科学省や各教育委員会が教員不足の大きな要因として挙げるのが、障害のある子どもが通う特別支援学級(以下、支援学級)の増加だ。直近10年間で小中学校全体の児童・生徒数は減少しているにもかかわらず、支援学級の在籍者数は2011年度の約15万人から21年度には約32万人に倍増している。

学級全体に占める支援学級の比率が全国的に高い沖縄県の教育委員会担当者も、教員不足の一因について「支援学級が増えすぎた」と話す。同県で顕著に増えているのが、自閉症など発達障害の児童が通う「自閉症・情緒障害」支援学級の在籍者数だ。

支援学級急増の要因について、「障害に対する理解が進み、保護者も支援学級に入れることに抵抗がなくなったからだ」と文科省や県教委は口をそろえる。

しかし、「周囲の抵抗がなくなった」だけでは説明がつかない事例もある。インクルーシブ（包摂）教育が専門で、琉球大学在職中から沖縄県の支援事例に携わる下関市立大学学長の韓昌完（ハンチャンワン）教授は「沖縄は所得の低い家庭が多く、離婚率も高い。米軍基地による騒音問題などの影響もある。こうした環境から情緒的に不安定になる子どもが、一時的に発達障害のように見えていることがある」と指摘する。

実際、韓教授が携わった事例では、落ち着きがなく発達障害と指摘されていた子が、実は家庭の事情で深夜まで眠れていないことが原因だとわかったという。

発達障害児が増えているのは、沖縄に限ったことではない。文科省は、普通学級で特別支援教育を受ける発達障害の児童・生徒数を集計している。この調査によると、2006年度に約7000人だった発達障害の児童・生徒数は、19年度に約7万人にまで急増した。

「発達障害」の児童・生徒は
13年で10倍に

―普通学級で指導を受ける児童・生徒数―

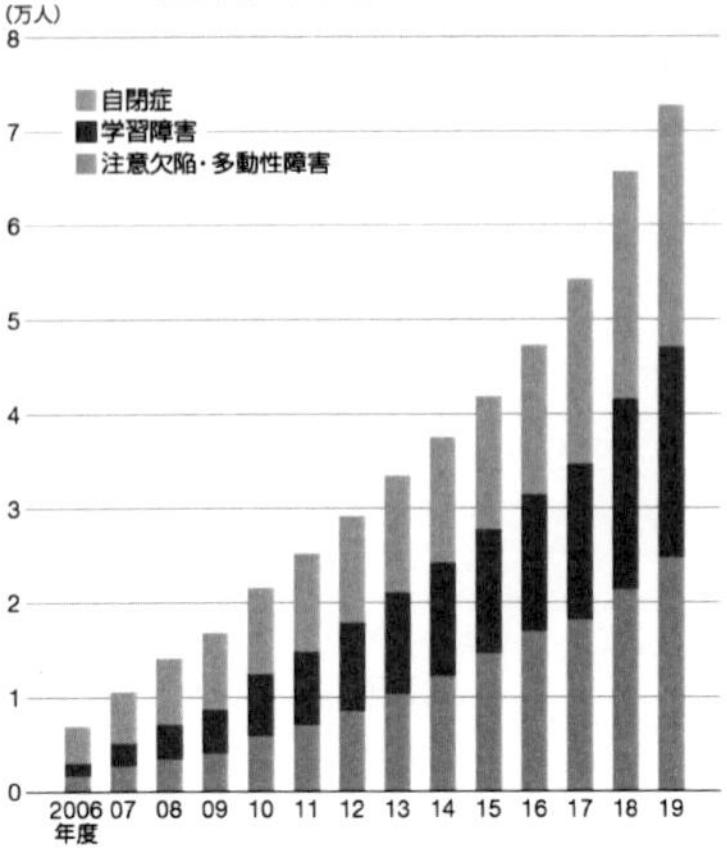

（注）「注意欠陥・多動性障害」「学習障害」「自閉症」は2006年度から通級による指導の対象となっている
（出所）文部科学省「令和元年度 通級による指導実施状況調査結果について」

■ 特別支援学級に入る子どもが10年で倍増

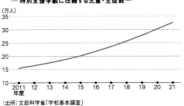

―特別支援学級に在籍する児童・生徒数―

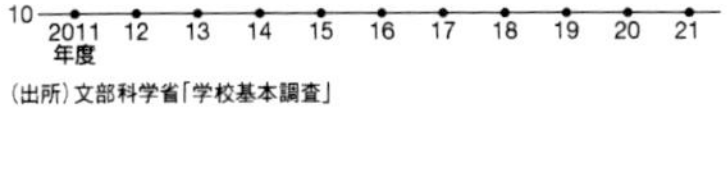

（出所）文部科学省「学校基本調査」

「発達障害」を広める動き

一方、発達障害の概念を広く捉えようとする風潮も強まってきた。「ちょっと問題があると発達障害を疑われる」。こう憤るのは小学6年生の息子がいる女性だ。「3年生のとき学級崩壊が起きた。36人中8人もの子の親が、担任から『どこか(医療機関)に相談したほうがいいんじゃないですか』と声をかけられたが、学年が上がったら何も問題がなくなった」

発達障害は不注意と多動が特徴とされるADHD(注意欠陥・多動性障害)、強いこだわりや対人関係が苦手といった特性がある自閉スペクトラム症などが含まれる。ただ、発達障害の原因は明らかでないため、血液検査や脳波などの数値で診断されるものではない。診断基準はあるものの、「衝動性」や「こだわりの強さ」といった特性がどの程度ならば発達障害なのかは、医師の判断に委ねられる。

発達障害児を診療する獨協医科大学埼玉医療センター・こころの診療科の井原裕診療部長は解説する。「発達障害が顕在化するか否かは状況に左右される。ADHDは、長時間座位を強いられると多動や不注意が目立ってくるが、活動を求められる状況だと持ち味だと思われる。授業中は『多動だ』と見なされる生徒も、放課後の部活では俊敏な名選手かもしれない。その程度の活動性をあえてＡＤＨＤと診断する必要はない」。

学校現場に発達障害の概念が浸透するきっかけとなったのが、２００２年に文科省が行った「通常の学級に在籍する特別な教育的支援を必要とする児童生徒に関する全国実態調査」だ。普通学級にいる児童のうち６・３％に発達障害の可能性があるという調査結果は、発達障害児の平均在籍率であるかのように学校現場に広がった。

しかし、この調査は教員が児童の言動を評価したものだった。当時教員に配付された調査用紙には、「聞き間違いがある」「過度にしゃべる」「みんなから『○○博士』『○○教授』と思われている」といった７５のチェック項目が並ぶ。

このような項目で教員が障害を判断することに、一部の教育関係者からは反対の声が上がっていた。当時、都内の公立小学校で教員をしていた片桐健司氏も、「結果が独り歩きする可能性がある」として調査に反対した一人だ。障害児の就学について相談を受ける「障害児を普通学校へ・全国連絡会」の運営委員で、障害児を普通学級で受け入れてきた片桐氏はこう振り返る。

「発達障害が話題になって、教員の子どもを見る目が変わり始めた。『手がかかる』で済んでいた子どもが、何かあるとすぐ発達障害と思われるようになった。医者に相談すると何かしらの診断名がついてしまう」

非正規率が高い支援学級

そもそも文科省の調査の目的は、発達障害の実態把握により普通学級での教育的支援を充実させることだった。2006年度に発達障害児は、普通学級にいながら週に何回か別の教室で指導を受ける通級指導の対象となり、本格的な支援が始まった。

ところが、調査から20年後の現在、発達障害とされる児童は急増し、「普通学級での指導や支援が工夫されないまま、安易に支援学級への転籍が検討されるケースがある」と特別支援教育に詳しい一部の専門家は危惧する。

このように支援学級が拡大する日本の状況は、支援学級や特別支援学校を縮小してインクルーシブ教育へと転換する世界の潮流に逆行している。

障害児の教育史に詳しい東京大学大学院教育学研究科の小国喜弘教授は次のように話す。「14年に日本が批准した障害者権利条約は、障害のあるなしにかかわらず、地域の学校で共に学ぶことをうたっている。こうしたインクルーシブ教育への転換を迫られているにもかかわらず、支援学級は事実上の分離教育となっている」。

普通学級で特性のある児童を受け入れにくい理由として、現場の教員からは「教室に普通にいられない子どもが数人いるクラスで、担任1人が30〜40人を一斉指導するのは限界を超えている」という声が上がる。

日本の普通学級は規模が大きいうえ、規律や集団行動を重視する文化のため、担任1人にかかる負担が大きい。対して、支援学級が存在せず、普通学級でのインクルーシブ教育を推進するイタリアでは1学級当たり20人と、学級規模が小さい。

そのうえ、日本では「予算の都合で（普通学級で障害児をサポートする）特別支援教育支援員をつけてもらえない」（保護者）という支援体制の不足もある。

特性のある子どもを普通学級で受け入れる体制がこのまま整備されなければ、支援学級に入る子どもは増えるばかりだ。

しかも、教員不足が起きた結果、普通学級より手厚い支援を行うはずの支援学級の担任を非正規教員が務めるという矛盾まで起きている。２０２２年１月に発表された文科省の「『教師不足』に関する実態調査」では、小学校担任の臨時的任用教員（非正規教員）の比率は、普通学級が１１・５％だったのに対し、支援学級は２３・７％に上ることが明らかになった。

国内外のインクルーシブ教育の実践に詳しい一木玲子氏（東洋大学客員研究員）はこう懸念する。「支援学級よりも普通学級に予算をかけ、普通学級をすべての子どもたちが安心して学べる環境に変える努力をしなければ、支援学級はさらに増える。教員不足が加速し、文科省は自分で自分の首を絞めることになる」

SOSが隠される

発達障害とされる子どもが増えることにより、子どもに対して安易な向精神薬の服用が選択されていることも看過できない。

厚生労働省が公開する医療機関の支払いデータ（NDBオープンデータ）を集計すると、向精神薬「コンサータ」の2019年の処方量（19歳以下）は、15年の3・5倍にまで増加していた。コンサータはADHDに用いられ、脳神経伝達機能に作用し、集中力を高める効果がある。

児童精神科医の石川憲彦医師は「子どもの多動は、成長とともに落ち着くことがほとんどだ。しかし、最近では脳が発達途中の7～8歳以前に薬を服用するケースが増えている。成長過程の脳に作用する薬を長期間飲むことの影響はわかっていない」と話す。

服薬はさらに低年齢の幼児にまで広がっている。2016年には、大人の統合失調症に使われる抗精神病薬「エビリファイ」が発達障害の1つである小児の自閉スペクトラム症の易刺激性（癇癪（かんしゃく）、攻撃性など）に対して使えるようになった。同剤は気持ちの高ぶりを抑えるといった効果がある。

エビリファイの服用は「原則6歳以上」だが、NDBオープンデータによると、4歳以下への処方量が増加している。エビリファイはさまざまな用量の錠剤があるため用量で換算した結果、2019年の処方量は15年の7・5倍の約7000ミリグラム以上に増えていた。

子どもの行動の問題に対する安易な投薬は、薬そのものの安全性だけが問題ではない。

発達障害の子どもを診療している福島県立矢吹病院の井上祐紀副院長は、「最後のやむなき手段であるはずの薬が、いつの間にか最初の手段になっている。苦しんでいる子どもたちが、かろうじて出したSOSサインとしての行動に、薬物療法が選択されている」と指摘する。

また、井上医師は「いじめや虐待などの問題が、子ども自身の問題に矮小化されてしまう」懸念もあると言う。

支援学級の増加や安易な服薬はいずれも、障害を場や環境ではなく本人だけの責任とする、障害の「個人モデル」に基づいた現象だ。障害者権利条約も採用する、障害は社会側に一因があるとする「社会モデル」とは相反する。

発達障害児だけでなく、貧困家庭や外国籍の子どもも、その特性によって普通学級から排除されやすい。特性のある子どもが受け入れられるよう普通学級にこそ人と予算を割き、支援学級の急増を食い止めるべきだ。


（井艸恵美）

「ブラック校則」はなぜ変わらないのか

関西地方の中学校に通う男児は発達障害による感覚過敏があり、制服が着用できない。校内では体操服を着ているが、「校門の前までは制服を着るように学校から指導された」と母親は話す。

「教員たちが当たり前のように思っている教室の環境が、一定の子どもを排除するルールになっている」と言うのは、東京都公立小学校の宮澤弘道教諭だ。

「例えば、授業前に『気をつけ。◯時間目のあいさつを始めます』と言い、担任の目を2秒間見るといったルール。この儀式が苦手な子がいると授業が始まらず、『あいつのせいでまた待たされている』と周りの子も思うようになる」

2006年に改正された教育基本法では規律や規範が重視され、学力向上のため、独自の細かい決まり事を作る学校が増えているという。

下関市立大学学長の韓昌完（ハンチャンワン）教授は、「日本は一定の枠に子どもを入れる一斉教育を強化することで学力を上げてきた。既存の枠に入らない子を多様性とみるのではなく障害として別の枠（特別支援学級など）に入れている」と指摘する。集団の規律性を重んじる日本独自の学校文化に苦しむのは、障害のある子どもだけではない。

生徒指導主任の経験がある男性教員は、髪型や靴下の色まで決める校則を疑問視する。「スカートが嫌でズボンをはきたいという女子生徒に『異装届』を提出させているが、その子にとっては『異装』ではない」。その学校では、ズボンを許可する日を管理職と親が決め、それ以外の日に着て来ると管理職は「調子に乗っていつも着て来るのではないか」と心配しているという。

こうした校則は「なくてもいい」と男性教員は言い切るが、学校文化や校則を疑問視する教員はまだ少数派だ。教員になるか進路を迷う大学4年生の女性は、「教員になったら、気づかぬうちに学校文化に染まってしまうのではないか心配だ」と話す。

近年、学校では外国籍の子どもや外国にルーツを持つ子どもが増えている。そうした子どもにとって、「学校とはどういう場なのか」という文化的な理解が異なることもある。

「マジョリティーの人が当たり前だと思っている授業のやり方や慣習が、マイノリティーの子どもの生きづらさになっている」と東京大学の小国喜弘教授（教育学）は言う。

細かすぎる理不尽な校則は「ブラック校則」として近年メディアでも広く報道された。文部科学省は2021年6月、都道府県教育委員会などに「校則の見直し等に関する取組事例」を告知し、校則を積極的に見直すよう学校に促している。

地域の目が圧力に

しかし、厳しい校則は学校だけの責任とはいえない。「とくに服装などの身なりは『世間』の目が強い圧力になっている」と中央大学の池田賢市教授（教育学）は言う。「教員がそこまで厳しくしなくてもいいと思っていても、『地域の人に迷惑をかけな

いように』とか、『将来就職する地元企業からの信頼につながる』と、地域社会の目を気にする学校が多い」（池田教授）

登校時だけ制服を着てくるように言われた冒頭の例も、地域の目を意識してのことだろう。実際、「下校時などの地域住民からのクレーム対応が負担になっている」と嘆く教員は多い。

校則の見直しに生徒が参加する学校も増えてきたが、皮肉なことに生徒自身が校則を考えると、「従来の校則より厳しいものになるという実践報告がよくある」と池田教授。校則は禁止事項の羅列という考えが土台にあるからだ。

「欧米の学校の多くでは、規則は子どもの学びの権利が保障されるかをチェックする目的で作られる。自分たちの権利が守られるよう学校に要求した結果として規則が成り立つと考えるのが本来の形だ」（池田教授）

多様性の受容と子どもの権利保障を基本に据えなければ、学校文化や校則は本質的に変わらないだろう。

（井艸恵美）

悪循環を好循環に変えるために

根本対策は「定数改善」だ

慶応大学教職課程センター教授・佐久間亜紀

「教員不足の解決策を教えてください」。最近、こんな取材依頼が一気に増えた。しかし、いったい何の、どのような状態を「教員不足」と捉えるのかさえかみ合わない中で、解決策を生産的に議論するのは難しい。

そこで本稿では、私の研究室が実施した調査を基に、まず教員不足を捉える視点を定め、なぜ・どのようにして深刻な教員不足がもたらされたのかを読者諸氏と共有したい。そのうえで、解決策の方向性を私なりに整理しよう。

公立学校の教員不足は、①いつの時点の、②どの地域の、③どの校種・教科の、④

どの雇用形態の教員の、そして⑤何を基準にした誰にとっての不足か、によって見え方が異なる。解決策は、これらの視点を定めたうえで議論しなければならない。

まず、教員の不足数や配置数は一年中変化している。先生もケガや病気をするし、産休に入ったりするからだ。つまり①いつの時点での調査かによって教員の不足数は変わる。佐久間研究室が実施した調査によれば、2学期、3学期になるにつれて産育休・病休取得者の代わりが見つからなくなり、不足が深刻化していた。

国と子で異なる「見え方」

また、不足数は自治体ごと、地域ごとに異なる。同じ自治体の中でも都市部と、過疎地や離島とでは不足の状況も可能な対策も異なる。②どの地域の不足かを限定して議論する必要がある。

次に③どの校種・教科の教員が不足しているかも対策を考えるのに欠かせない。私たちの調査した自治体では、教科ごとに不足の実態が異なり、中学校の技術・家庭科、美術科、そして国語科の不足数が大きかった。ある教育委員会の担当者は「たとえ教員免許制度が撤廃されたとしても、すぐに教えられる人を見つけるのは難しい」と言う。技術科には木材加工・電気・情報基礎・金属加工・機械・栽培の6領域があり、そのすべてをカバーする知識・技能を持つ人が必要だからだ。

⑤何を基準にした誰にとっての不足なのか、という視点も共有する必要がある。調査で驚いたのは、2000年代以降の地方分権改革の結果、国から見える不足の実態と、子どもから見える不足の実態が異なるということだ。

国は、いわゆる義務標準法という法律に基づいて、標準的な教員数を決定し、毎年その分の給与費の3分の1を地方自治体に交付する。都道府県・政令指定都市は、国の標準数を参考に独自に教員数を決める。市区町村も独自の予算で教員を配置して政策を実施する場合がある。しかし現状では情報が共有されておらず、国、都道府県・政令市、市区町村がそれぞれ把握できるのは、教員給与を負担した範囲に限られている。

2022年1月に文部科学省が公表した「教師不足」に関する実態調査は、都道府県・政令市が対象のため、市区町村が独自に配置した教員数とその不足は明らかになっていない。要するに、いまだ誰も、日本の教員不足数の全体像を把握できていないのである。

しかし子どもからすれば、不足教員の雇い主が県であろうと市であろうと、いるべき先生がいないことには変わりがない。国の予算が関与する範囲に限定した議論をするのか、学校で子どもたちが目にしている現実に即して議論するのか、腑分けする必要がある。

なぜ、これほど教員不足が深刻化するのか。原因を理解するには④どの雇用形態の教員が不足しているか、に着目するとわかりやすい。雇用形態に着目すると、教員不足は4段階に整理できる。

第1段階は正規雇用教員（正規教員）の欠員である。配置されるべき正規教員が欠けると、各教育委員会は任期付きで働く常勤の臨時的任用教員（臨任）を探す。臨任を配置できない状態が不足の第2段階となる。すると教育委は非常勤講師を探し、できる限り授業時間を埋めようとする。

この非常勤講師は常勤教員の代わりをするもので、なんと「常勤的非常勤講師」と呼ばれているという。常勤的非常勤講師を部分的に配置することさえできない状態が不足の第3段階となる。こうなると学校は「あとは校内で対応してください」と突き放され、教頭が担任を持ったり現職教員が持ち授業数を増やしたりして無理やりカバーする。それでも対応しきれず授業に穴が開いてしまった状態が、不足の第4段階だ。

つまり授業が行われているからといって教員不足が生じていないわけではまったくないのだ。

■ なぜ授業に「穴」が開く？
―教員の未配置が起こる過程―

（注）佐久間研究室が調査したX県の2021年度5月時点の数。▲はマイナス

最後は教員の「自己犠牲」

私たちが調査を行ったX県の21年度の実態を見てみよう。この県では5月1日時点で正規教員の欠員が小・中学校合計で1971人だった(第1次未配置)。そのため臨任を1821人も補充したが、なお150人足りなかった(第2次未配置)。教育委は常勤的非常勤講師を122人見つけ出して配置し、授業の一部分をカバーしたが、残りの28人分についてはまったく代替者が見つからなかった(第3次未配置)。最後はやむなく各学校に独自対応を求め、教員が自己犠牲的に授業数を増やすなどして欠員分をカバーしたのである。

以上を見れば、教員不足の根本的な原因は第1次未配置が多すぎること、つまり正規教員の数が削減されすぎたことだとわかる。X県では21年度1月時点で産育休取得者は867人、病休者は87人だった。つまり年度当初から正規教員がきちんと配置されていれば、産育休や病休が出ても臨任1821人で十分に対応できたはずなのである。

なぜ、4月にいるべき正規教員がいなくなったのか。きっかけは2000年代に始まった小泉純一郎政権下の地方分権改革だ。2001年の義務標準法の改正や、2004年の義務教育費国庫負担制度に総額裁量制を導入する改革によって、教職員給与費の総額の範囲内であれば、教員の数や給与や待遇を地方自治体が決められるようになった。

ところが、国からの予算が増える見通しは立たなかった。教職員定数改善計画が2005年をもって終了、停止され、さらに翌年からは地方公務員の定員削減計画も始まったからだ。

そこで各自治体は正規教員の人数や給与を減らし、浮かせた予算で人件費の低い非正規を多めに雇用して教員総数を増やすことで、独自の教育改革を進めた。非正規を含めた教員総数は増えたが、正規教員は人数も給与も減らされたうえ、非正規がいなければ学校を運営できない体制が構築されたのである（不足の第1段階）。

始まった悪循環

ところが非正規教員の需要が増加したにもかかわらず、団塊世代の大量退職によって教員採用数が増加に転じ、非正規になる層は減少していった。非正規を経てでも教員になりたいという層が、すぐに正規として採用されやすくなったからだ。さらに、世代が若返り産育休取得者が増え、ますます非正規教員の需要が増え、臨任不足（第2段階）が起こった。

佐久間研究室の調査で明らかになったのは、産育休の取得率には変化がないのに育休の取得期間が大幅に長期化していた点だ。保育園探しが大変なうえ、復帰すると激務が待っているため職場復帰できない実態が浮かび上がった。日本の子育て支援の薄さが、教員の職場復帰を阻み、さらなる教員不足を生んでいるのだ。

■ 保育園不足などで育児休業が長期化
―X県における教員の育児休業期間の変化―

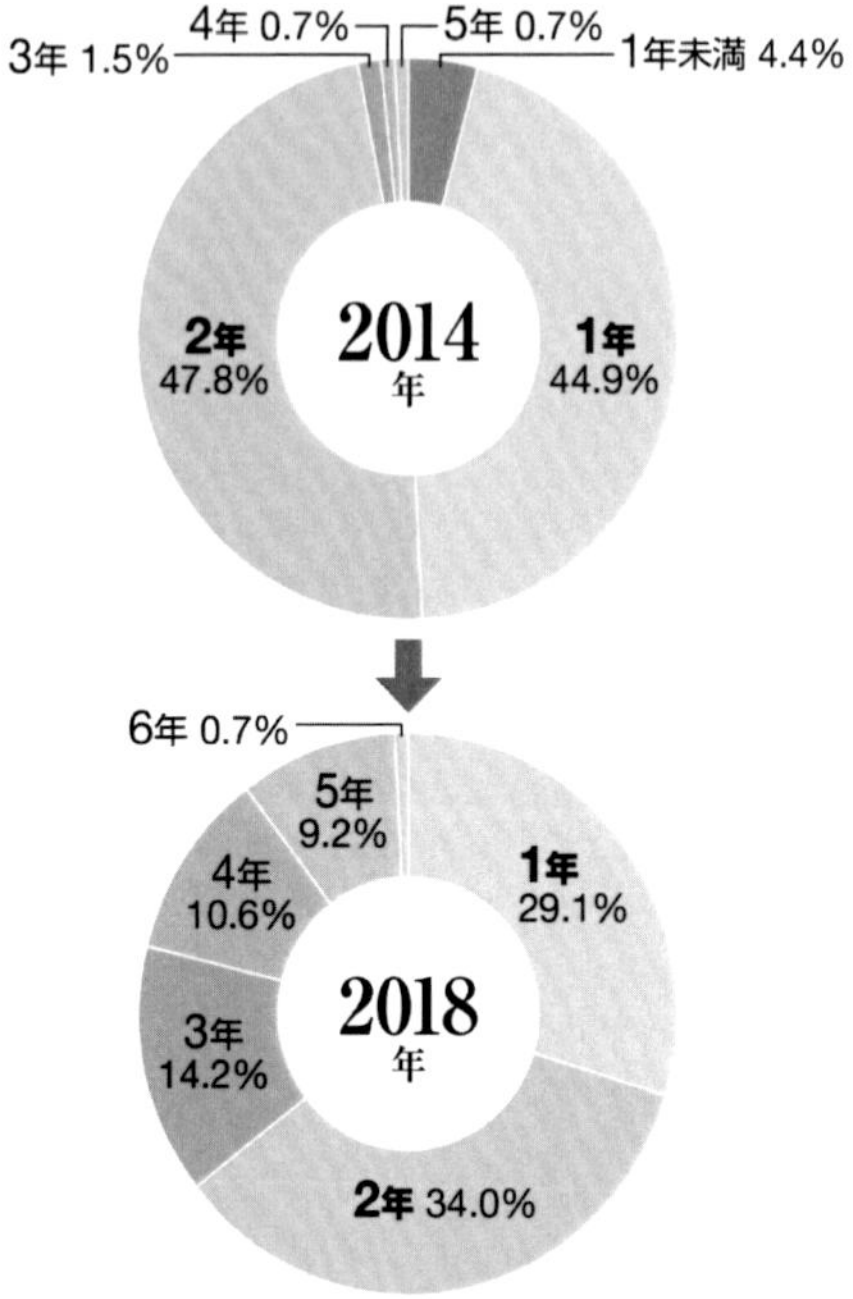

(注)小数第2位以下は四捨五入
(出所)佐久間亜紀(慶応大学)、島崎直人(元公立学校教員)による調査「公立小学校における教職員未配置の実態とその要因に関する実証的研究－X県の事例分析から－」

2009年の教員免許更新制の導入等も追い打ちをかけた。非正規需要が増えたのに、国は教員の資質向上を目指して教員免許を取りにくくし「とりあえず教員免許を取っておこう」という人を排除する政策を進め、非常勤講師のなり手は減少した（第3段階）。教員たちは現場の窮状をSNSで発信するようになり、過酷な労働実態が社会に認知されることとなった。そうして教員志願者が減り、不足が拡大する悪循環が生まれたのだ。

この悪循環を好循環に逆回転させていくにはどうしたらよいのか。

まず、子どもにとっての不足という視点（⑤）から、不足の実態を捉える必要がある。そのためには最も不足が深刻な3学期を指標にする必要がある（①の視点）。各都道府県は市区町村配置も含めて学校レベルでの不足数の推移を調査し、確保すべき教員の目標値を把握すべきだ。文科省には追加の全国調査を実施してほしい。

②どの地域の、③どの校種・教科の教員不足かも考慮して、対策を考える必要がある。文科省は、教えられる人がいれば特別免許状を授与できる制度を活用せよ、とい

う対策を示している。これは都市部では有効かもしれないが、人口が少ない地域では絵に描いた餅だ。教科によっても効果に差がある。少なくとも不足が最も深刻な技術科については、上で述べたように有効な対策とはなりえない。

日本は行財政改革で国立教員養成系大学・学部を縮小してきたが、きちんと養成しなければ教員を確保できない地域も教科もあることを忘れてはならない。そもそも小・中学校で教えるには大学で教えるよりも幅広い知識や技能が求められる。実技系教科ではなおさらで、少ない授業時間数に幅広い教育内容を詰め込み、効率的に学習させなければならない。高度な専門性が必要なのだ。

国語科教員の不足がどの程度の広がりを見せているか、それはなぜかの検証も急務だ。従来は非養成系の一般大学から国語科教員の約6割が供給されてきたが、その一般大学で文学部が縮小傾向にあることが不足原因の1つと推測される。この20年間の教員養成改革・大学改革の検証が、教員不足対策としても必要だ。

教員不足の発端は正規教員の過度の削減だった。解決するには国が教職員定数改善計画を再開すること、そして地方自治体が中長期的な教員需給を見通せるようになることが最も根本的な対策になる。

ただし、教員志願者の減少は深刻で、教員採用数をすぐには増やせない状態だ。それでも国が中長期的な教職員定数改善計画を示し、地方自治体が正規教員を採用していく見通しを持てれば、教員の労働環境が改善されていくという希望が共有され、教職人気も戻り、悪循環を好循環に転換していける可能性が開かれるだろう。

佐久間亜紀（さくま・あき）
東京大学大学院教育学研究科博士課程単位取得退学。博士（教育学）。米スタンフォード大学客員研究員を経て現職。著書に「アメリカ教師教育史」。教師不足の実態を調査研究。

「タダ」だった部活動がコスト化

日本の教員は忙しい。ＯＥＣＤ（経済協力開発機構）が２０１８年に実施した調査では、日本での中学校教員の１週間当たりの勤務時間は５６時間。調査に参加した国の中で最長だった。

その構造に、ようやく改革のメスが入ろうとしている。

スポーツ庁の有識者会議は６月、公立中の休日の部活動を地域のスポーツクラブなどに委ねるよう提言を出した。

スポーツ庁の橋田裕・地域スポーツ課長は、その理由を「部活が教員の長時間勤務の原因となっており、少子化の中、持続可能性の面でも厳しさを増していた」と話す。

日本大学の末冨芳教授（教育行政学）は言う。

「この約20年間、日本の子どもの学力は変化していないが、貧困層に限ると低下している。経済的困難を抱え勉強が好きではない子どもも学校に来られるよう、部活に依存してきた歴史がある。教員はそこに大きな労力をかけてきたが、教員は子どもの学力を伸ばすことが本来の役割だ」

部活の地域移行は、23年度から3年間が改革集中期間となる。指導を希望する教員は、引き続き休日でも部活に関わることができる。

ただ、課題は山積している。スポーツ庁の委託調査では、休日の部活の運営が地域スポーツ団体になった場合、1人当たり年間1万7581円の負担増になる。公立中の生徒は全国で300万人。単純計算で約500億円の予算が必要だ。提言では、スポーツ振興くじ（toto）の売上金の活用が例示されているが、totoのスポーツ振興助成額は約160億円（21年度）。財源にするのは非現実的だ。

中学の学習指導要領で「学校教育の一環」として位置づけられてきた部活は、これまで教員たちの自己犠牲で成り立ってきた。無給どころか、備品代や交通費を教員が自己負担することも多かった。地域移行が進めば、これまで「暗黙の了解」だった隠れ費用が顕在化することになる。

スポーツ賭博の大義に

一方、移行を「ビジネスチャンス」と捉える動きもある。

楽天グループ、ソフトバンクといったＩＴ企業や広告会社など約70社が加盟する民間団体「スポーツエコシステム推進協議会」は、競馬や競輪など公営ギャンブル以外のスポーツでも賭博を解禁するよう求めている。日本のスポーツ賭博の市場規模は7兆円ともいわれる。企業の関心は高く、解禁の〝大義〟の1つとして、売上金の一部を部活に提供する案が出ているのだ。

経済産業省も検討を進めている。同省の研究会が2021年6月に出した提言書では、現在の部活は「持続可能性そのものに『黄色信号』が灯っている」と指摘。教員の負担軽減や専門家による指導を実現するための資金提供源として、スポーツ賭博の解禁を「可能性」として提案している。

ただ、部活と賭博を結び付けることは世論の反発もある。経産省も表向きは「堂々と教育費として国に求めるべき」(萩生田光一経産相・当時)だとしている。だが、ある自民党関係者は「教育費に厳しい財務省が、大幅な予算増加は認めない。海外のオンライン賭博では、日本のプロ野球なども賭けの対象。日本だけ規制しても意味がない。参院選後は議論も進むだろう」とみている。

部活は、貧困層の子どもがスポーツや文化活動に参加できる貴重な機会でもある。ある文部科学官僚は「公的な意味を持つ部活を守るには、公的な財源が必要。財務省が予算を認めるかが肝」と話す。

では、仮に予算がつかなければどうなるか。結果は容易に想像できる。部活の負担は再び教員に降りかかるだろう。

(ライター・西岡千史)

文科省予算は減少の一途

教員の定数増加や待遇改善など、教員不足を解消するための施策は待ったなしだが、どの策も予算を必要とする。にもかかわらず肝心の文部科学省予算は減り続けている。

2012年に5・6兆円強（政府予算に占める割合は6・2％）だった文科省予算は22年に5・3兆円弱（同4・9％）まで減った。文部省と科学技術庁が統合され文部科学省が誕生した2001年の6・6兆円（同8％）に比べれば1兆円以上も減っている。

その理由は少子高齢化だ。高齢化に伴い社会保障予算が膨らむ一方、減少を続ける子どもの数は財務省にとって教育予算を削る「錦の御旗」となってきた。文科省予算の中でもやり玉に挙がってきたのが義務教育費国庫負担金だ。全国の公立小中学校の教員給与に充てられる予算で、文科省予算の中核を占める。

ところが2000年代前半に2兆円超あった同負担金は22年度に1・5兆円にまで縮小。少子化に伴い学級数が減り、つれて教員定数が削減されてきたからだ。

文科省は少子化による定数「自然減」のペースを緩和しようとさまざまな策を弄してきたが、ことごとく財務省に退けられている。

■ **減らされ続ける文科省予算** —文部科学省予算の推移—

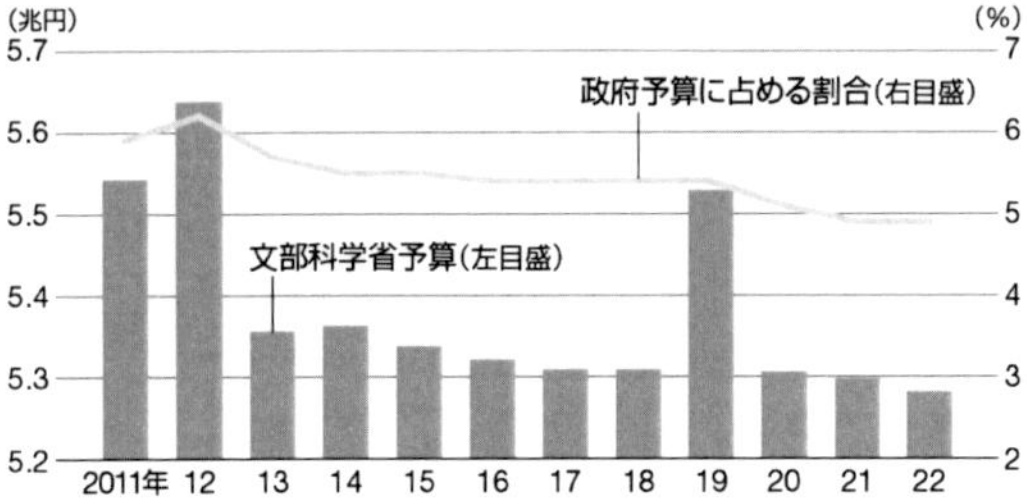

(出所)文部科学省や財務省の予算資料を基に東洋経済作成

財務省を突き破るのは政治

文科省と財務省の間に緊張が走った直近の例は2021年秋。22年4月から導入されている教科担任制の是非だ。小学校高学年に専門性の高い教科担任を当てることにより新時代にふさわしい人材を育成するとの名目で、実現のためには教員定数を2000人増やすことが必要だと文科省は球を投げた。

だが、財務省は首を縦に振らなかった。11月の財政制度審議会で「生徒数の減少ほど教員定数は減少していない」ことをデータで示したうえで「中学校教員を活用すれば教科担任制は導入できる」「新たな人材獲得を行わずとも担任間での授業交換や学校間連携、オンライン授業化の工夫（GIGAスクール構想の活用）で担当教科が減少し授業準備が効率化できる」などと、定数2000人増までは不要だと打ち返したのだ。

文科省の再反論むなしく、定数は要求の半分に満たない950人増にとどまった。

「財務省と文科省が一対一でやり合ったら絶対に文科省が負ける。教員定数の改善や待遇改善を実現するには政治の力で突き破るしかない」。こう語るのは元文部科学次官の前川喜平氏だ。財務省の壁を突き破るには政治の力が必要だという。

政治が動くことで「壁」に穴を開けた成功実例が、20年秋に繰り広げられた「少人数学級」をめぐる21年度予算の攻防だ。文科省は当初、少人数学級を概算要求の「事項要求」に位置づけていた。事項要求とは、必要な予算額を具体的に示すのではなく「取りあえず求める」程度の要求で、負け戦に慣れきった文科省の財務省に対する及び腰ぶりがうかがえた。

例によって財務省は「少人数学級が学力向上に資するという証拠はない」と一蹴。このまま文科省が引き下がるかに見えたが、反撃したのが萩生田光一文科相(当時)だった。記者会見で「(財務省に)負けないために文科相になった。しっかり戦っていく」とたんかを切ったのだ。

この萩生田発言によって事項要求は「30人学級を目指す」という具体目標に一変。文科省と財務省が角を突き合わせることになる。

「最後の最後まで、どうなるのかまったく見えなかった」。文科官僚がこう回顧する両省の攻防は、中学校を含む30人学級の実現を求める萩生田文科相と、定数増に伴う予算拡大を抑えたい麻生太郎財務相（当時）の一騎打ち、大臣折衝になだれ込む。2020年12月17日のことだ。

最終的に少人数学級をめぐる見解の溝は埋まらないまま、「小学校のみ35人学級」という玉虫色の決着を見た。大臣折衝後、萩生田氏は文科省の横に立つ財務省を指して「隣の建物の壁は高かった」と感想を漏らしたという。目標値には届かなかったが、「政治の力」で文科省は約40年ぶりとなる学級編成標準の引き下げをもぎ取ることができた。

教職員組合の弱体化

文科省が政治の力を借りなければ教員の要望を実現できなくなった一因には、かつて文科省と敵対関係にありながらも「応援団」的な側面を併せ持っていた教職員組合の弱体化がある。

最大組織、日本教職員組合（日教組）の加入率は1950年代に90％前後あったが、足元の2021年には20・8％にまで低下。日教組が日本労働組合総連合会（連合）に加盟することに反発して離脱した全日本教職員組合など全体を足し合わせても組合加入率は3割にとどまる。長時間労働の是正や待遇改善といった現場教員の要望を国政の場で実現する影響力はなく、ましてや文科省を援護するだけの政治力はない。

■ 最大組合「日教組」組織率は20％に
—教師の教職員団体加入率の推移—

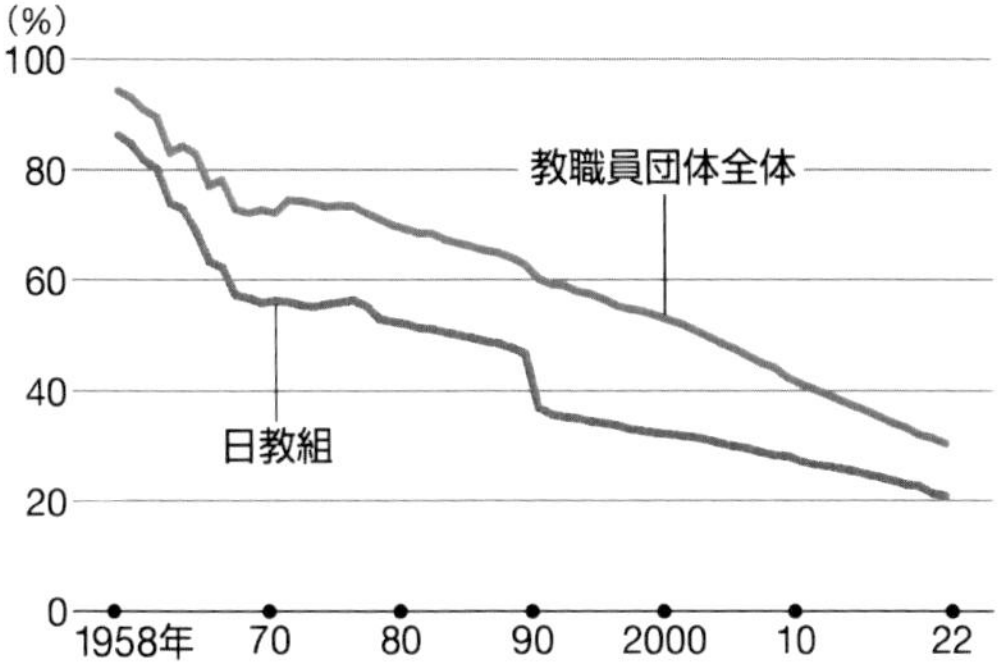

教職員団体への加入状況

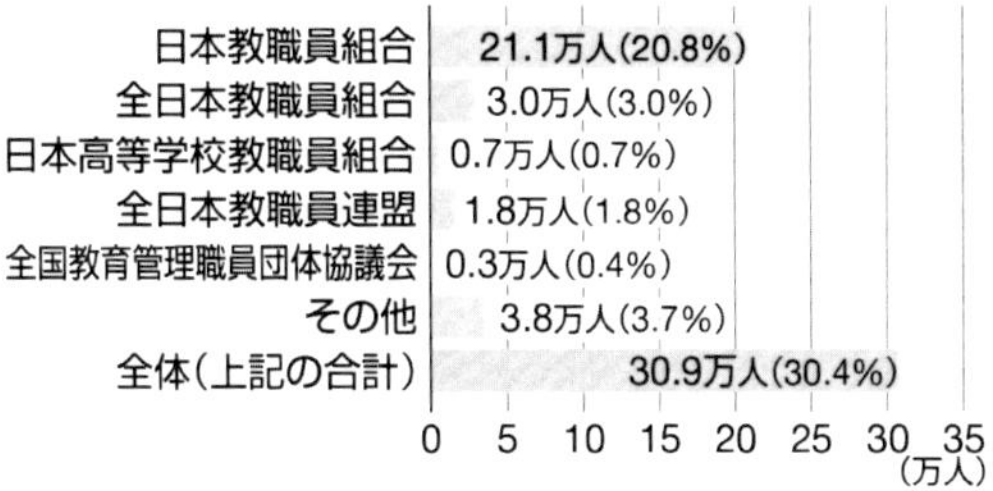

(注)対象となる教職員(校長、副校長、教頭、事務長、部主事、教員、事務職員、単純労務職員等)は大学・高専を除く公立学校に勤務するすべての常勤職員(再任用教職員を含む)

(出所)文部科学省「令和3年度 教職員団体への加入状況に関する調査結果について」を基に東洋経済作成

弱体化した日教組を自民党が取り込もうとしているのではないか、という臆測も飛び交う。日教組が求めていた35人学級や教員免許更新制度の廃止など、民主党政権すら実現できなかった施策を自民党が実現させているからだ。

2021年10月、連合の会長に自民党と気脈を通じる芳野友子氏が就任したことが話題を呼んだが、事務局長に日教組委員長の清水秀行氏が就任したことも教育関係者を驚かせた。連合とともに日教組まで自民党が取り込むのでは、という懸念だ。ある日教組幹部は「誰が清水を事務局長に推したのか、まったくわからない」と首をかしげつつ「萩生田さんとわれわれでは考え方が違うが、35人学級や免許更新制の廃止などは優れた判断だった」と渋い表情を見せる。

文科省、自民党、教職員組合の微妙な力関係の変化が今後、教育行政にどう影響するのか。しばらく注視が必要だ。

（野中大樹）

「一人の労働者、家庭人だと認めてあげるべきだ」

名古屋大学大学院　教授・内田　良

長時間労働が常態化している公立学校教員の勤務実態について2021年11月にウェブでアンケートを実施し、22年5月に公表した。「過労死ライン」とされる月80時間以上の残業をしている教員が小学校では59・8%、中学校では74・4%もいた。

注目したいのは、この2年間に管理職から勤務時間を少なく書き換えるように求められた経験のある教員の割合が16~17%に及ぶことだ。教員の残業代は「教育職員の給与等に関する特別措置法」(給特法)で一律4%と固定化されている。残業時間が多かろうが少なかろうがお金(残業代)とはリンクしない。だから長時間労働はごまかし、教育委員会との間に波風を立てぬようにしよう。そんな心理が管理職に働いていたのではないか。

今回、書き換えを要求された経験の有無をアンケートで問うたのは、2019年に給特法が一部改正され、20年4月から教員の時間管理が始まったからだ。それ以前から「過少申告」の事例は方々で聞いていた。そんな状態で形だけの時間管理をやれば長時間労働の実態を見えなくする力が働くだろうと予想していたところ、そのとおりの結果が出た。長年にわたって教員の労働時間をお金とリンクさせてこなかった給特法の影響がうかがえる。

準備不足の授業が常態化

調査では、長時間労働している教員ほど準備不足のまま授業に臨んでいる割合が高いこともわかった。週40時間以上残業している教員については、なんと7割以上が準備不足のまま授業に臨んでいると感じている。あるベテランの教員は「もう1カ月以上、授業の準備ができていない」と窮状を打ち明けてくれた。公立校に通っている子どもたちは、準備不足の授業を受け続けているということだ。

長時間労働の元凶の1つだった部活動についてはようやく地域移行の話が本格化してきたが、教員負担増加の流れはとどまるところを知らない。外国語、プログラミング、ICT、金融……成熟社会は子どもに習得させようとする項目を次から次に増やす。そのことによる教員負担の増加分が見えればいいが、見えない。教員の見えざるコストは増える一方だ。

教職の魅力を発信しようと文部科学省は2019年にツイッター上で「(ハッシュタグ)教師のバトン」を始めたが、過酷な労働環境を訴える声があふれ、たちまち炎上してしまった。「苦しくても、明るく、ポジティブにいこうぜ」というメンタリティーでは乗り越えられないほど、現場はボロボロになっている。

今、必要なのは現実を直視することだ。「子どもにすべてを捧げるのが教師だ」と教員を「聖職者」扱いせず、一人の労働者、家庭人であることを認めてあげることだ。

内田　良（うちだ・りょう）
名古屋大学大学院教育発達科学研究科教授。部活動の負担や長時間労働など教師のリスクに関する情報を積極的に発信している。

「新自由主義が教員を〝会社勤め人〟にした」

星槎大学大学院特任教授（元文部科学官僚）・寺脇　研

文部科学省の官僚時代、福岡県と広島県の教育委員会に出向した経験がある。現場の教員たちとは濃密な時間を過ごし、結婚式の仲人を頼まれたこともある。毎年送ってくれる年賀状の写真には子どもが一人、また一人と増えていっていた。

この国は公立学校の教員に手厚い対応をしてきた。妊娠したら、すぐに代わりを補充した。だから当人も家族も安心して子どもを産み、育てられた。夫婦で教員の家庭では、民間企業で共働きしている家庭より子どもの数が多かったと思う。国が教員を「特別な仕事」だと位置づけてきたからだ。

現在の「教師不足」の実態には驚いている。産休や育休で欠員が出ると校長や教頭が教員探しに奔走している。ＳＮＳで募集をかけるケースまである。

背景には、２０００年代以降に広がった新自由主義の考え方がある。学校の教員を「普通の勤め人」と同列に扱おうとする風潮が強まったのだ。教員に企業と同じような「成果」を求め、成果を出させるために教員を「評価」する動きも加速した。教員には意味のない報告書を作成させ、校長には教員を「管理」させるようになった。

昨今、教員の「働き方改革」と称してタイムカードで勤務時間を管理するようになっているが、教員の仕事を履き違えている。会社員の仕事には定量があるが、教員の仕事に定量なんてない。

福岡県教育委員会に出向していた１９８０年代、ひどく荒れた学校があった。残念ながらその学校の教員たちは子どもをほったらかして運動会もやっていなかった。何とかしようと、私は1人のベテラン教員と5人の若手教員をその学校に配置した。まずは運動会を再開しようと、彼らは夜中、車のライトで運動場にやぐらを組み、６人だけで運動会を実施した。バスケ部をつくり、部活も復活させた。彼らの奮闘によって学力テストも県の平均値まで上がった。

最初の1年は3日しか休めなかったそうだ。今であれば完全にブラック労働だが、ある意味で、私は6人にそれを強いたことになる。それでも彼らから「割に合わない」「残業代を払え」という不満を聞いたことは一度もない。子どもたちが変わっていく姿を見ることが彼らにとっての最大の喜びだったからではないか。教員の仕事とはそういうものなのだ。

教職の魅力を広めようと文科省がツイッターで実施した「(ハッシュタグ)教師のバトン」は結果的に炎上してしまったが、意図は評価できる。

教師不足によって私が最も危惧するのは、普通の学校、つまり選別されていない公立学校の底が抜けてしまうことだ。

普通の学校で教える価値

新潟県の貧しい家庭で生まれ育ち、小卒でありながら総理大臣にまで上り詰めた田中角栄は随所で「小学校の時にかわいがってくれた女先生のことが忘れられない。あの先生がいたから自分は総理大臣になれた」という話をしていた。この言葉には、日本の教育が最も大切にしてきた価値が詰まっている。選別されていない、普通の学校で教えることにこそ日本は重きを置いてきた。だからこそ教員には手厚い対応をしてきたのだ。

教員を会社員と同列に扱おうとする新自由主義の政治勢力に、かつては文科省も組合も抵抗していた。だが今は、政治家の顔色をうかがう「忖度官僚」が増え、組合の組織率も低下している。

今後、誰が教員や公教育の現場を守るのか。それが心配だ。

寺脇　研（てらわき・けん）

1952年生まれ。東京大学法学部卒業後、文部省（当時）入省。初等中等教育局職業教育課長や広島県教育長、大臣官房審議官を経て2006年に退官。

「ふとり教育」で格差拡大

明るい未来を共に創っていきたい――。新学習指導要領の解説用リーフレットには、「改訂に込められた思い」としてこんな言葉が書かれている。

2022年4月から高校で新指導要領に基づく授業が始まった。2020年の小学校、21年の中学校に続く改訂だ。末松信介文部科学相（当時）も22年を「大きな節目となる年」と位置づけている。だが、一緒に「明るい未来」をつくる仲間であるはずの教員たちの反応は冷たい。

愛知県内の公立高に勤務する40代の女性教員は「新指導要領は現場の実態にそぐわない」と嘆く。

「高校では国語総合が『現代の国語』と『言語文化』に分かれました。言語文化の時間は週2時間なのに、小説と詩歌、古文も教えないといけない。古文の文法だけで授業時間が終わってしまう」

高校では、生徒が自ら課題を見つけて調べる「探究」の名称が付いた科目が7つ新設された。英語4技能や、ＩＣＴ教育への対応も求められる。主体的・対話的な学び（アクティブ・ラーニング）の授業も必須になった。

新指導要領の目玉である「観点別評価」も高校で始まる。観点別評価とは、従来の各科目の評価とは別に「知識・技能」「思考・判断・表現」「主体的に学習に取り組む態度」の３つを評価するもの。前出の教員は言う。

「正直、やってられません。ただでさえ評価をつける作業は時間を取られるのに、週2時間の授業で４０人の『思考』や『主体的な態度』を評価するなんて非現実的です」

増え続ける教員たちの負担。その背景に見え隠れするのは、過去の〝トラウマ〟だ。

文科省は１９８０年代から２０００年代にかけ、指導要領の肥大を防ぐため学習内容を徐々に減らし、詰め込み教育からの脱却を図った。いわゆる「ゆとり教育」だ。

ところが、円の面積を見積もるために示した概算の計算方法が「円周率を3と教えている」と誤解され、批判が噴出。文科省は路線修正に追い込まれた。青山学院大学の小針誠教授（教育社会史）は言う。

「今回の改訂で文科省は『学習内容の削減は行わない』と明確にした。さらに双方向型のアクティブ・ラーニングが導入され、授業の内容は増える一方だ。教員はこの指導要領にがんじがらめにされており、これでは『ゆとり教育』ならぬ『ふとり教育』だ」

過密なカリキュラムに振り回され、別の問題が新たに発生する危険性もある。

■ 教育格差を生む教育改革

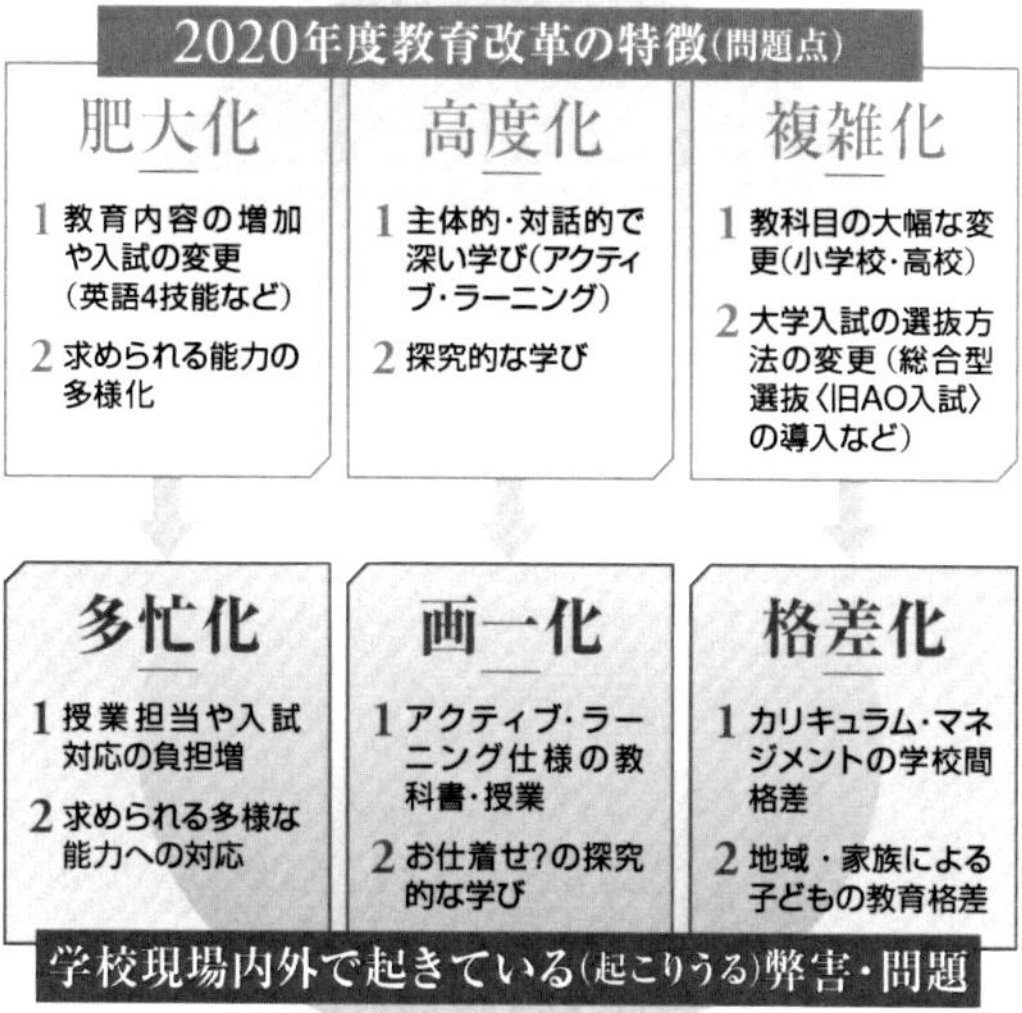
2020年度教育改革の特徴(問題点)
肥大化
1 教育内容の増加や入試の変更(英語4技能など)
2 求められる能力の多様化
高度化
1 主体的・対話的で深い学び(アクティブ・ラーニング)
2 探究的な学び
複雑化
1 教科目の大幅な変更(小学校・高校)
2 大学入試の選抜方法の変更(総合型選抜〈旧AO入試〉の導入など)
多忙化
1 授業担当や入試対応の負担増
2 求められる多様な能力への対応
画一化
1 アクティブ・ラーニング仕様の教科書・授業
2 お仕着せ?の探究的な学び
格差化
1 カリキュラム・マネジメントの学校間格差
2 地域・家族による子どもの教育格差
学校現場内外で起きている(起こりうる)弊害・問題
(出所)小針誠教授の資料を基に東洋経済作成

内閣府が2021年12月に公表した「子供の生活状況調査の分析」報告書によると、貧困層の子どもで学校の授業が「わからないことが多い」「ほとんどわからない」と回答した中学2年生の割合は24％。比較的生活が安定している層の7・3％に比べると3・3倍の結果になった。親の経済力によって子どもの学力に差が出る「教育格差」の実態だ。

「学校教育では、困難な環境に育った子どもをフォローアップすることも大切。だが、現場の教員にその余裕は失われている。教員の負担増で学校教育の質が下がれば学習塾に頼る子どもが増えるが、経済的に厳しい家庭の子は塾には行けない。新指導要領は教育格差を広げる可能性がある」（小針教授）

■ **日本は教育費の私的負担が大きい**

—対GDP比の高等教育機関への支出（2018年）—

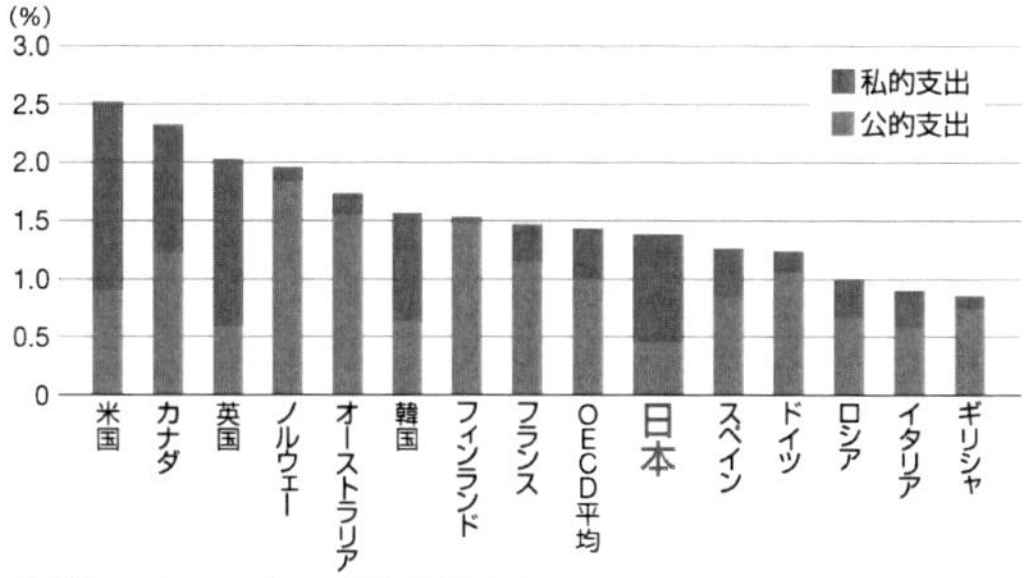

（出所）Education at a Glance 2021 OECD Indicators

政府による教育予算の少なさも格差に拍車をかけている。先のグラフは公的支出と私的支出を合算し、大学など高等教育に対する費用負担の対GDP（国内総生産）比を示したものだ。日本は約1・4％でOECD（経済協力開発機構）平均とほぼ同じだが、うち約7割を私的支出が占める（OECD平均は約3割）。公的負担の割合はOECD諸国の中では下から2番目だ。

教育の機会均等をめぐっては、大学入学共通テストの英語民間試験と記述式問題の導入についても議論が混乱した。

英語の民間試験は、地方では受験機会が限られ、費用負担も大きい。記述式問題では、採点者ごとのばらつきが起きるとの懸念が払拭できず、2019年末に共通テストでの採用延期が発表された。21年7月には、文科省の有識者会議で、英語民間試験や記述式問題の導入は「実現は困難」との結論が出て、断念に追い込まれた。会議の委員だった日本大学の末冨芳教授（教育行政学）はこう話す。

「記述式の試験は、すでに国立大でも私立大でも必要な学部では実施している。そういった現状の評価もせず、教育の機会均等を軽視して、入試改革を性急に進めてきた人たちの責任は重い」

エビデンスなき政策

2012年に発足した第2次安倍政権では、内閣の私的諮問機関として発足した教育再生実行会議が強い影響力を持ち、政治家や経済界の意向が教育改革に反映された。教育の専門家は「日本の教育政策はやりっぱなしで、検証をしない」と口をそろえる。だが、問題はそれだけではない。

「民主的に選ばれた政治家が、教育行政に意見を言うのは近代国家ではありうること。一方、教育問題は誰でも意見が言いやすいので、理念が肥大化しやすい。だからこそ、官僚はエビデンス（科学的根拠）を基に政策を作らなければならないが、文科省はそれを軽視してきた」（末冨教授）

現場の声は届かず、エビデンスは軽視される。だが「改革」だけは押し付けられる。千葉県内の小学校に勤務する40代の教員は「意識改革ばかりを言われるが、物理的に授業時間を減らしてほしい」と訴える。

教員も生徒もゆとりを失う改革を続ければ、新指導要領が掲げる「明るい未来」は遠のくばかりだ。

（ライター・西岡千史）

高校受験の内申点に不満募らす親

中学受験激化で広がる格差

フリーランス記者・宮本さおり

ここ数年、増加傾向にあった私立・国立中学受験者数は2022年に5万1100人に達し、過去最多となった。専門家は、偏差値上位校を第1志望に据えて臨む家庭に加え、偏差値にとらわれずに教育内容の充実度で受験校を決める層が膨らんでいることを増加の原因とみる。志願者数を伸ばしたのは中堅から下の学校群で、従来であれば受験せず地元の公立中学に通っていた層を取り込んでいる。

この春、都内の女子中高一貫校への進学を決めた家庭は、偏差値は決して高くない学校を選んだ理由を「教育内容にひかれたからだ」と説明する。子どもが受験したのはこの学校のみ。中学受験の平均受験校数が5校から6校であることに鑑みればレアなケースだ。父母共に地方出身という共働き家庭で、40代の母親は地元で中学受験を経験し、第2志望の学校に入学した経験がある。

公立学校への「不安」

母親は娘の進学について「本人がいちばん気に入ったところに入るのが幸せ」だと語るが、選んだ理由は明確にある。子に一度は海外を経験してほしいと願う親の目に魅力と映ったのは、公立学校にはない留学制度だった。留学先が豊富なことに加え、海外高校卒業資格と日本の高校卒業資格を同時に取得できる「ダブルディプロマプログラム」を複数国の学校と締結していることが決め手となった。

公立の高校では長期留学をするとその間の単位が日本の学校の単位として認められず留年となるケースが多い。入学した私立学校では学校のプログラムとして行く長期留学については海外滞在中の取得単位も日本の単位として認められるため、留年を避けられる。「そのまま海外の大学に進むにしろ日本に戻って進学するにしろ、選択できる可能性が公立の学校に通うよりも広がると感じた」（母親）。

別の家庭は、新型コロナウイルス禍における公立小学校の対応に、自分の子を地元の公立中学へ進学させていいものか、不安になったと漏らす。緊急事態宣言下の2020年当時、ようやくオンライン授業が始まるかと思ったら「家の中にいることが多くなるからと、体を動かす体操の動画が配信されていた」という。各家庭に学習用のプリントは配られたが、学習はほとんど家庭に丸投げの状態だった。「子どもが地元の公立中学に通うママ友から『中学も似たような状況。高校受験を控えているのに不安だ』という声も聞いていた。一方で、私立中学では早々にオンラインで双方向型の授業を始めていると聞き、公立と私立の差は大きいなと。子どもの先々のことを考えると、思い切って私立か国立の中学を受験させたほうがいいのではないかと思うようになった」。

高校受験を避けたい事情

中学受験者が増える背景には、「高校受験のほうが何かと大変だ」という親側の意識もある。

中学生になれば多くの子が思春期を迎える。反抗期で親や担任に背く態度を取り、勉強どころではなくなる子も少なくない。そんな時期に人生を左右しかねない高校受験を迎えるより、親が生活や学習のフォローをしやすい小学校高学年の時期に中学受験をさせ、その後6年かけて自らの進路を決めていくほうがいいという考え方だ。

もう1つ親を悩ませている「大変」が、親にはどうすることもできない「内申点」の存在だ。首都圏でも地域によっては8割が高校受験をするが、公立高校を志願する場合、必ず内申点が関係する。

内申点とは、各教科の5段階評価を点数化したものだ。評価基準は大枠こそあるものの統一されてはいない。ある塾の関係者は「内申点の評価基準は地域によって異なる。通塾生の成績を見る限り、オール5を取りやすい地域とそうでない地域が明らかに存在する」と指摘する。

また、内申の数値化や加点方法も学校や地域によってばらつきがある。例えば東京都の場合、高校に提出する調査書には中学3年生の評定のみが記載されるが、埼玉県では3学年分の記載となる。このため1年生のうちから学習に興味・関心があると教員がわかるように積極的に手を挙げなさいと指導する塾は多い。

親が内申点を重視するのは、一般入試の持ち点になるだけでなく、推薦入試にも関わるからだ。首都圏で唯一、公立でも推薦型入試がある東京都では、推薦入試で調査書と面接や小論文などにより合否を決める。調査書には当然、内申点が含まれている。つまり東京都立の場合、内申で高得点が取れていれば公立受験においても推薦入試と一般入試、2回のチャンスがあるということだ。

ただ、それとて生やさしいものではない。公立ではすべての教科の評定が必要なため、国語、数学、英語を中心とした主要5教科が得意でも、美術や体育、音楽などが足を引っ張れば内申点に響き、上位校への合格は遠のく。

内申点が響く領域はまだある。難関私立では少ないが、優秀な生徒を獲得するため「併願優遇」という制度を採用する私立学校などだ。公立が不合格の場合、必ずその学校に入学することを条件に調査書と面接だけで合否が決まる制度だが、ここにも内申基準が設けられている。

通塾なしの合格は難しい

栄光ゼミナール高校入試責任者の松田裕太郎氏は「内申点の計算方法は地域や高校により異なるため、保護者の方からすると複雑なのは確か。そこを〝大変だ〟と表現されているのかもしれない。また、学力の把握が難しい側面もある」と話す。

内申点を必要としないのは上位私立を中心とした一部の一般入試のみだ。だが、塾に通っていない生徒にとって出願校を選ぶのは簡単ではない。公立中学は校内で業者テストを実施していない。自分で業者テストを受けに行かない限り、受験生全体における自分の順位がわかりにくい。松田氏は「個々の生徒の学力が受験生全体のどのぐらいの位置にあるのかは塾のほうが把握しやすい。また、各私立の状況も、大手塾の場合、学校より情報をたくさん持っている可能性が高い」と言う。

公平であるはずの公立高校受験すら塾に通わずに志望校へ合格するのが難しい現実。

こうした状況に、家庭の経済力が子どもの人生を左右してしまわぬよう格差の是正措置をとる動きもあるにはある。

東京都は20年度から、年収910万円以下で子どもが3人以上いる家庭の子が私立高校に入学する場合には補助金を出している。実質的な授業料の無料化だ。都立高校への進学がかなわなかった生徒が、都立と同等の負担で私立校に通えるようにした。東京都と大阪市には塾にかかる費用を補助する制度もあるが、東京都の場合は貸し付けとなる。

公立学校が窮する中、中学から私立・国立に通わせようと考える親は今後も増えそうだ。となれば、格差も広がるだろう。

宮本さおり（みやもと・さおり）
地方紙記者、専業主婦を経てフリーランスの記者に。2児の母として「教育」や「女性の働き方」をテーマに取材・執筆活動を行っている。2019年、親子のための中等教育研究所を設立。

塾業界の子ども争奪戦

過去最大のブームを迎えている中学受験。その主戦場である首都圏に、あの一大教育グループが殴り込みをかける。

ベネッセホールディングス（ＨＤ）傘下で、関西において学習塾・予備校を運営するアップは5月30日、東京都渋谷区に中学受験塾「進学館 ルートプラス＝ルータス」を開校すると発表した。

同校は、40年以上にわたって兵庫県の灘中学校など関西の人気校に合格者を輩出してきた「進学館」をベースとして、プロの専任講師による少人数の集団指導と個別指導を交える新ブランド。2022年夏から体験説明会や人気講師による教育相談などを開催し、23年2月の授業開始に備えている。

アップにとってはもちろん、ベネッセとしても進学館ルータスが首都圏で初めての中学受験専門塾となる。「中高6年間を生き生きと過ごせるように、詰め込みではなく、主体的に学べる学習習慣を身に付けてもらう」（ベネッセ）。

2012年に188万人に上った学習塾における小学生の受講生数は、少子化が響き、単純比較が可能な17年までに136万人へ後退。ただ、市場規模はここ10年の間、3000億円前後でほぼ横ばいを保っている。

■ **受講生が減っても単価が上昇**
―小学生の学習塾受講生数と1人当たり売上高の推移―

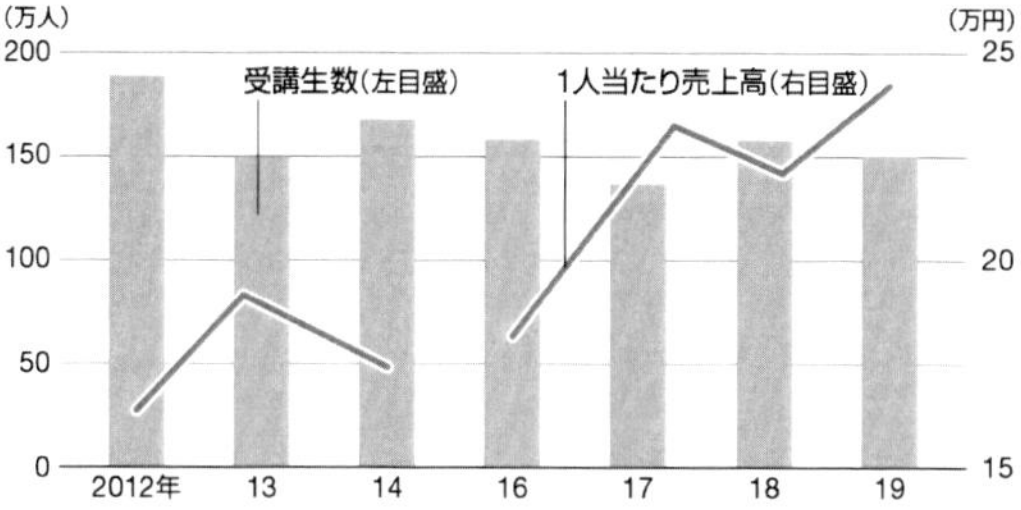

(注)2015年は調査結果なし。17年までとそれ以降は単純比較できない
(出所)2017年までは経済産業省「特定サービス産業実態調査」、18年からは同「経済構造実態調査」

背景にあるのが単価の上昇だ。同じ期間に学習塾の受講生1人当たり売上高は16万円から23万円へと増加した。ある業界関係者は「(少子化が意識され始めた)30年前、業界展望は、受講生数の減少に伴って細るか、それとも1世帯で複数人の子どもにかけていた教育費が1人に集中して横ばいか、意見が割れていた。結果、後者が正しかった」と振り返る。

別の関係者も「多くの塾は個別指導や合宿など、サブメニューをより多く利用してもらおうと躍起になっている。先生から勧められれば、そりゃ親は言われるがまま買ってしまう」と明かす。

さらなる追い風が、コロナ禍を経て広がった公立中に対する不信感だ。2020年春に政府から一斉休校が要請された際、オンライン授業などのICT(情報通信技術)活用で他校との差別化を図った私立中と対照的に、公立中は対応が遅れた。「都内でもとくに中学受験率が高いエリアでは、公立中は敬遠されている。学力の高い難関校でなくとも、私立の中高一貫校にさえ入ればいい、というケースも少なくない」(業界大手の幹部)。

上位校独走のサピックス

実際、横ばいの市場で増勢する大手も少なくない。都内屈指の難関校である開成中で68%、桜蔭中で66%の合格者占有率（2022年）を誇るSAPIX（サピックス）小学部だ。運営元の日本入試センターは16年3月期に11億円の営業赤字だったが、小学部の快進撃により、開示されている最新年度の18年3月期には売上高201億円、営業利益9億円と黒字に浮上した。

早稲田アカデミーの小学部も、2022年3月期における受講生数が2万4937名に上り、4年前比で40%増加。これが全社における11期連続の増収にも貢献し、過去最高益を更新した。中学受験専業の名門・四谷大塚も近年は増収増益が続いている。

アップの決断もこうした市況が後押しした。「コロナ禍によって（首都圏で）中学受験塾の需要が高まったこと、その首都圏市場で、既存のサービスでは満たされていない顧客ニーズがあること、アップとベネッセのノウハウでそのニーズに応えることができるとの確信が得られたこと。以上3点から（進出を）判断した」（ベネッセ）。今後、アップは都内で池袋や吉祥寺などのエリアに狙いを定め、首都圏での校舎数拡大を図る。

ただ、国内の少子化に歯止めはかかっておらず、事業環境は楽観できない。実際、「栄光ゼミナール」の栄光や「市進学院」の市進HD、「第一ゼミナール」のウィザスなど、中高生向けも含めた学習塾事業が停滞気味の企業も散見される。

とくに高校受験対策に重点を置く中学部を抱える企業では、中学受験ブームの〝反動〟も懸念される。学習塾による中学生向けの売上高は2019年に4911億円と、小学生向けの1・3倍。小中高の各世代別で最大の市場規模を誇るが、高校受験の必要がない中高一貫校のブームがこのまま続けば、足元こそ堅調な中学部の市場規模が縮小しかねない。

競争に生き残るべく、各社が学年を問わず注力するのがＡＩ（人工知能）活用だ。四谷大塚は20年、親会社で「東進ハイスクール」を手がけるナガセとともに、中学受験生向けのＡＩ演習コンテンツを開発した。東進で成果を上げている同様のシステム「志望校別単元ジャンル演習講座」を基に、ＡＩを生かした中学受験向けの精緻な入試問題分析・対策をうたう。

栄光も21年、ＡＩを活用した教材を開発するベンチャー「アタマプラス（atama plus）」と手を組み、個別塾に中高生向けの新コースを開講した。アタマプラスの教材はＡＩが一人ひとりの学習でつまずく原因を特定し、その生徒専用のカリキュラムを作成するというもの。栄光は従前から教室授業でこの教材を導入していたが、授業時間外も同サービスを利用したいという声に応える形で、自宅から時間制約なく同教材を利用できるオンライン授業と教室授業のハイブリッドプランを組んだ。

忍び寄る「淘汰」の足音

低学年時からの囲い込み戦略も、今後を占うポイントの1つだ。従来の中学受験といえば、「小学3年生の終わり頃に入塾テストを受けて、2月から塾に通い始める」（前出の業界大手幹部）のが一般的だった。しかし、2022年の早稲田アカデミーにおける小学校低学年の受講生数が小学1年生で前年比79％増、同2年生で60％増と、低学年層からの通塾ニーズは高まっている。「勢いづくサピックスでは、低学年からの継続生で満員御礼という校舎も出ている。それを見てしまい、4年生からの入学では遅いと捉えられている」（同）。

こうした施策はもちろんだが、今後より一層重要性を増してきそうなのが、明確な差別化をもたらすポジショニング戦略だ。

基本的に学習塾の集客力は「難関校・人気校の合格実績 × プロモーション」（前出の業界大手幹部）で決まるとされる。これにより、実績を上げた塾には優秀な生徒が集まるサイクルが生まれるため、上位校の合格実績で独走するサピックスなど好調な塾とそれ以外とでの真っ向勝負は成立しにくい。

それでも、劣勢の塾は人気塾の授業についていけない生徒の「受け皿」として、明確な強みがなくとも一定数の生徒を確保することができていた。これが近年になって、都立中高での合格実績を重視する「ｅｎａ（エナ）」の学究社など、ニッチなニーズを的確に捉える企業も台頭しつつある。ある業界大手の首脳は「実績の低い塾は淘汰される」と予想する。

教育熱が高まり、低学年からの通塾で家計の負担が一層重くなれば、塾選びの基準は今以上にシビアになるだろう。どの企業が「塾王」の座に就き、逆にどこが没落するのか。市場が横ばいである以上、近い将来の明暗はくっきり分かれそうだ。

（森田宗一郎）

学校「教育力」ランキング

公立学校における教員の陣容は各自治体の政策や財政力に左右される。教員体制の充実度を2つの指標でランキングした。

まずは「充足率」。国が標準と定めた小学校の定数に対し、どれくらい教員数を満たしているかを示す。文部科学省の「『教師不足』に関する実態調査」によると、充足率の全国平均は101・8%(2021年5月時点)だった。

充足率が100%を超える自治体は独自の政策で教員を増員しているということだ。1位の鳥取県は独自に小学校全学年の30人学級導入に取り組み、少人数学級化を進めている。そのため、充足率と併せて示した教員1人当たりの児童数は、全国平均を大きく下回る11・6人だ。

充足率103・3％と全国平均を上回る島根県も、独自に少人数学級化による増員を実施する。島根県教育委員会は、「加配（増員）は毎年百数十人ほど。不登校や特別支援教育の対象児童が増えており、きめ細かく支援するには、教員数を国の基準以上に増やさないと対応できない」と話す。

ただ、少人数学級化により教員定数が増えるほど、確保すべき教員の数も増える。確保ができないと欠員、つまり教員不足と認識される。文科省の教員不足調査で、教員不足数の上位に鳥取県や島根県が入っているのは、こうした理由からだ。

教員の充足率

全国　充足率 **101.8%**　教員1人当たりの児童数 **14.7人**

順位	自治体	充足率(%)	教員1人当たりの児童数(人)
1	鳥取県	109.5	11.6
2	東京都	108.2	17.2
3	仙台市	105.2	16.5
4	京都市	104.9	15.2
5	神戸市	104.8	16.3
6	滋賀県	104.7	14.4
7	三重県	104.3	13.2
8	神奈川県	104.1	17.3
9	川崎市	104.0	18.8
10	名古屋市	103.9	16.8
11	広島市	103.7	16.6
12	島根県	103.3	10.7
13	横浜市	103.2	17.3
14	大阪市	102.9	14.3
15	福井県	102.8	12.8
16	京都府	102.7	14.2
17	山形県	102.6	12.6
〃	秋田県	102.6	12.5
19	岡山県	102.2	12.9
〃	青森県	102.2	12.2
21	兵庫県	101.9	15.2
〃	北海道	101.9	12.2
23	北九州市	101.8	15.6
24	愛知県	101.7	16.4
25	佐賀県	101.4	12.5
〃	札幌市	101.4	17.5
〃	栃木県	101.4	13.7
〃	福岡市	101.4	18.6
〃	福島県	101.4	12.7
〃	和歌山県	101.4	11.2
31	群馬県	101.3	14.0
32	茨城県	101.2	14.2
33	さいたま市	101.1	19.7
〃	香川県	101.1	13.8
33	奈良県	101.1	13.4
36	千葉市	101.0	17.3
37	岡山市	100.8	15.3
38	愛媛県	100.7	13.7
〃	静岡市	100.7	16.5
40	宮崎県	100.5	13.9
〃	静岡県	100.5	15.9
42	堺市	100.4	15.4
43	新潟県	100.3	12.6
〃	石川県	100.3	14.0
45	埼玉県	100.2	17.4
〃	富山県	100.2	13.2
47	熊本市	100.1	16.4
48	広島県	100.0	14.8
〃	高知県	100.0	10.5
〃	新潟市	100.0	15.8
〃	千葉県	100.0	16.6
〃	長野県	100.0	14.2
〃	福岡県	100.0	15.7
54	山梨県	99.9	12.0
〃	大阪府	99.9	14.6
〃	浜松市	99.9	16.9
57	宮城県	99.8	14.2
〃	鹿児島県	99.8	11.7
59	岩手県	99.7	11.8
〃	山口県	99.7	12.9
61	沖縄県	99.6	15.6
〃	大分県	99.6	13.2
63	徳島県	99.5	11.2
64	熊本県	99.4	13.6
65	岐阜県	99.1	14.0
〃	相模原市	99.1	17.3
67	長崎県	98.3	12.9

(注) 公立小学校の充足率(2021年5月時点) (出所) 文部科学省「『教師不足』に関する実態調査」「令和3年度学校基本調査」

もう1つの指標は、教員数に占める非正規教員の割合を示す「非正規率」だ。「ゆとりある教育を求め全国の教育条件を調べる会」が「教職員実数調」を基に算出。この非正規率は教員の年齢構成比によって差が出る産休・育休代替を除外した比率だ。非正規率の低い順に並べると、最も低い北海道は7%を切るが、岡山市、奈良県、堺市は20%以上で、約3倍もの開きがある。

教員の
非正規率

全国　非正規率 14.2%

順位	自治体	非正規率(%)
1	北海道	6.9
2	新潟県	7.9
3	東京都	8.0
4	福井県	8.6
〃	名古屋市	8.6
6	愛媛県	8.8
7	新潟市	9.2
8	宮城県	10.0
9	仙台市	10.4
10	千葉市	10.7
11	富山県	10.9
12	静岡県	11.0
13	山梨県	11.2
14	千葉県	11.4
15	長崎県	11.6
16	福岡市	11.8
17	札幌市	11.9
〃	栃木県	11.9
19	青森県	12.0
〃	岐阜県	12.0
21	山形県	12.2
22	川崎市	12.5
23	香川県	12.7
24	横浜市	13.0
〃	秋田県	13.0
26	岩手県	13.2
27	静岡市	13.3
28	山口県	13.4
〃	佐賀県	13.4
〃	大分県	13.4
〃	鳥取県	13.4
32	徳島県	13.6
〃	群馬県	13.6
34	石川県	13.9
35	相模原市	14.2
36	高知県	14.4
37	熊本県	14.5
38	滋賀県	14.9
39	福島県	15.3
〃	岡山県	15.3
41	浜松市	15.4
42	茨城県	15.6
43	広島県	15.9
44	和歌山県	16.0
〃	島根県	16.0
46	京都市	16.2
〃	愛知県	16.2
48	熊本市	16.3
〃	北九州市	16.3
50	鹿児島県	16.4
51	大阪府	16.8
52	兵庫県	16.9
53	福岡県	17.0
54	神戸市	17.1
55	埼玉県	17.4
56	京都府	17.5
〃	大阪市	17.5
58	神奈川県	17.9
59	宮崎県	18.0
60	さいたま市	18.3
61	長野県	18.7
62	沖縄県	19.0
63	三重県	19.1
64	広島市	19.8
65	岡山市	20.0
66	奈良県	20.9
〃	堺市	20.9

(注)公立学校の非正規率(2020年度)(出所)ゆとりある教育を求め全国の教育条件を調べる会

非正規率が高く、充足率も１００％を下回る沖縄県の教育委員会は「正規教員を採用しても特別支援学級の増加で必要な教員数が増え、正規比率が上がらない」と話す。学級増加に対し正規教員確保が追いつかない自治体の厳しい現状が浮き彫りになった。

（井艸恵美）

〔ランキング表の見方〕

【非正規率】 臨時的任用教員、再任用フルタイム勤務者のほか、非常勤講師と再任用短時間勤務教員は常勤１人当たりに換算した数を計上（産休・育休代替教員は除外）

【充足率】 義務標準法（公立義務教育諸学校の学級編制及び教職員定数の標準に関する法律）に基づき算定される小学校の定数に対する、校長・教諭等の充足率

【教員１人当たりの児童数】 教員（本務者）に対する児童数を算出

【週刊東洋経済】

本書は、東洋経済新報社『週刊東洋経済』2022年7月23日号より抜粋、加筆修正のうえ制作しています。この記事が完全収録された底本をはじめ、雑誌バックナンバーは小社ホームページからもお求めいただけます。

小社では、『週刊東洋経済eビジネス新書』シリーズをはじめ、このほかにも多数の電子書籍ラインナップをそろえております。ぜひストアにて**「東洋経済」で検索**してみてください。

『週刊東洋経済eビジネス新書』シリーズ

No.401　みずほ　解けない呪縛

No.402　私大トップ校　次の戦略

No.403　ニッポン再生　7つの論点

No.404　マンション管理

No.405　学び直しの「近現代史」

No.406　電池　世界争奪戦
No.407　定年格差　シニアの働き方
No.408　今を語る16の視点　2022
No.409　狙われる富裕層
No.410　ライフシフト超入門
No.411　企業価値の新常識
No.412　暗号資産&NFT
No.413　ゼネコン激動期
No.414　病院サバイバル
No.415　生保　最新事情
No.416　M&Aマフィア
No.417　工場が消える
No.418　経済超入門　2022
No.419　東証　沈没

No.420 テクノロジーの未来地図
No.421 年金の新常識
No.422 先を知るための読書案内
No.423 欧州動乱史
No.424 物流ドライバーが消える日
No.425 エネルギー戦争
No.426 瀬戸際の地銀
No.427 不動産争奪戦
No.428 インフレ時代の資産運用&防衛術
No.429 人口減サバイバル
No.430 自衛隊は日本を守れるか

週刊東洋経済eビジネス新書　No.431
教員不足の深層

【本誌（底本）】
編集局　井艸恵美、野中大樹
デザイン　熊谷直美、杉山未記、伊藤佳奈
進行管理　三隅多香子
発行日　２０２２年７月２３日

【電子版】
編集制作　塚田由紀夫、長谷川　隆
デザイン　大村善久
制作協力　丸井工文社
発行日　２０２３年８月３日　Ver.1

発行所　〒103-8345
東京都中央区日本橋本石町1-2-1
東洋経済新報社
電話　東洋経済カスタマーセンター
03（6386）1040
https://toyokeizai.net/
発行人　田北浩章

電子書籍化に際しては、仕様上の都合などにより適宜編集を加えています。登場人物に関する情報、価格、為替レートなどは、特に記載のない限り底本編集当時のものです。一部の漢字を簡易慣用字体やかなで表記している場合があります。本書は縦書きでレイアウトしています。ご覧になる機種により表示に差が生じることがあります。